分裂と統合の相克

揺らぐ〈国民国家〉

金子敦郎・池田佳隆 編

萌書房

序

　すでに二十一世紀に足を踏み入れたわれわれはいかなる時代に生きているだろうか。現代の国際社会を理解する上で最も重要なキーワードの一つは間違いなくグローバル化という現象だと言ってよいだろう。特に金融面において、国家間の経済活動の統合が急速に進展しているのに加えて、環境問題に代表されるような人類全体の課題も意識されるようになっている。それにともない、これまで国際関係の中心的なアクターであった国民国家の正当性にも一部で疑念が投げ掛けられている。よく使われる表現ではあるが、国民国家は現代のさまざまな課題に取り組むには、小さすぎると同時に大きすぎるのである。

　このような事態に対処するための一つの方策として、さまざまな形での諸国家の活動の統合という道が模索されている。ヨーロッパ統合がその代表的な例であるが、南北アメリカ大陸やアジアにおいても、緩やかな形ではあれ、経済的な結びつきの強化が進められている。

　他方で、こういった大きなレベルでの統合とは別に、一つの国家をどのように統合していくのかという問題に苦悩している国家も存在する。直感的には、国民統合は比較的近代化の遅れた国家の課題であり、それを成し遂げた次のステップとして、諸国家の統合が課題として浮かび上がってくると考えれば理解しやすい。同じようなイメージで、近代化が進めばナショナリズムも時代遅れのものとなっていくと予測することができるだろう。

　ところが、本書の各章で検討されているように、発展途上国であるか先進国であるかを問わず、多くの国で国家の統一性の保持が深刻な課題となっている。つまり、グローバル化が喧伝される時代にあって、分裂に向かう動きは依然として存在しているのである。それどころか、グローバル化や統合の動きがかえって一国内の分裂傾向を助長するという逆説的な状況さえ決して珍しいものではない。

これをパターン化して整理すると、統合運動による分離運動の促進作用として捉えることができる。独立を求める分離主義者達にとっての最大の障害のうちの一つは、安全保障面や経済面における独立後の孤立状況に対する住民の不安である。ところが、地域統合の進展によって集団安全保障体制や自由貿易・共通市場の枠組みが提供されている場合には、孤立化に対する懸念が緩和され、分離独立に対する支持が増大する可能性がある。

これとは逆に、分離運動による統合運動の促進作用も指摘することが可能である。一般に独立を求める地域の規模はそれほど大きなものではなく、首尾よく独立を達成したあとも、小国として厳しい国際社会での生き残りを図らなければならないことが多い。その場合に小国の取りうる戦略の一つとして、複数の国家が結びつきを強めることにより国家の安全保障・経済・発言権などを強化する方策が挙げられる。このように考えると、分裂は比較的「遅れた」国々の問題であり、諸国家の統合は比較的「進んだ」国々の課題であるという単線的なモデルでは捉えきれない事例が現代の国際社会には存在することが理解できるだろう。

第1章では、統合と分裂の相互作用がソ連解体後に形成された独立国家共同体（ＣＩＳ）を例として検証されている。現代世界において最も進んだ形で統合という実験が進められているのはＥＵであり、統合と分裂の相互作用を考える際にも研究対象として取りあげられることが多いが、他の地域での動きと比較することによって、より一般的な理論を抽出することが可能になると期待される。ＣＩＳという試みは失敗であったという評価が西側諸国によって下されているようであるが、国際公共財の供給という視点を導入することによって、ＥＵとＣＩＳを比較することは可能であることが本章では主張されている。もちろん、比較的長い歴史を持つヨーロッパ統合の動きと、一九九〇年代以降に進められたＣＩＳの動きを単純に比較することはできないが、旧ソ連諸国の分裂と再統合への努力が急速に行われた分だけ、統合と分裂の相互作用を考える際の材料を際立った形で我々に示してくれることも期待してよいのではないだろうか。

一九九一年にソ連が崩壊したときに、ソ連を構成していた共和国は一気に独立国としての地位を手に入れた。しかし、国際社会のなかで単独で生き残りを図ることのできる国は限られており、ロシア、ベラルーシ、ウクライナの間で結ばれたＣＩＳ創設協定に、中央アジア諸国も急遽参加の意思を表明したのであった。この現象は、表面的には分裂の動きが即座に統合の動きを誘発した相互作用の例と捉えることも可能であるが、各共和国の分業体制が定着していたソ連が誰もが予測しなかった速度で解体したための、緊急非難的な行動という性格が強いとみてよいだろう。事実、設立して間もなく、ＣＩＳは軍事的統合と経済的統合の双方の局面における行き詰まりの時期を迎えることになったのである。

しかし、一九九三年以降、ＣＩＳの求心力が再び強まり始めた。これは、独立後の経済の低迷や国内政治の混迷を克服するための枠組みとしてのＣＩＳに対する各国の期待が高まったために生じた現象である。特に、グルジア、ウクライナ、カザフスタンの場合には、国内の分裂を回避するための手段としてＣＩＳ（もしくはロシア）に接近する傾向が強まった。つまり、分離運動が統合運動を促進するという作用が観察できるのである。ただし、これらの国々の動きは分離運動を封じ込めるための動きであり、ＥＵの一部に見られるような統合運動と分離運動の相互補完作用が見られるわけではない。

その後、一九九〇年代が終わりに近づくにつれて、ＣＩＳ統合の動きに停滞の気運が高まってきており、西側の評価としては、ＣＩＳ建設の試みは失敗であったというコンセンサスが存在しているようである。しかし、この章では、ある種の公共財を提供するという点ではＣＩＳは一定の成果を挙げており、その将来は、ヨーロッパ型の統合へ進むというイメージと完全に破棄されてしまうというイメージの間を揺れ動くことになると論じられている。

この揺れに対応して、CISにおける統合と分裂の力学も複雑に変化していくことになるだろう。

第2章から第4章まではヨーロッパの事例が取り扱われている。第二章では一九九九年に実現したスコットランド議会開設をめぐるイギリスの政治状況が検討されている。民衆の支持を得ない形での一七〇七年のイングランドとの合同以来、スコットランドのナショナリズムが絶えることはなかった。二十世紀のイギリスにおいては、一九七〇年代の北海油田の発見が契機となり、スコットランドの自治問題が重要な政治課題になった。その後、一九八〇年代になってヨーロッパ統合の動きが加速するなかで、スコットランドのナショナリズムを担うスコットランド民族党（SNP）が「ヨーロッパ統合の中での独立」という戦略を打ち出し、スコットランド政治において無視することのできない存在としての地位を固めていった。

一方、一九九〇年代後半に政権の座を奪回した労働党はヨーロッパ統合に対する積極的な姿勢を見せると同時に、スコットランドとウェールズにおける分権問題においても議会開設という大きな一歩を踏み出したのであった。現在の保守党がヨーロッパ統合と分権問題の双方に消極的であり、労働党やSNPが積極的であるという事実は、統合と分裂の動きが決してトレードオフの関係にあるものではなく、同時に追い求める（もしくは否定する）ことが可能な関係にあることを端的に物語っている。

ただし、スコットランド議会開設の影響に関しては、労働党が権限委譲の進展によって独立を求める要求は沈静化するという期待を抱いているのに対し、SNPは権限委譲が独立という最終目標への大きな一歩であると捉えている点で決定的に異なる。どちらの認識が正しいかによって、統合と分裂の相互作用に対する考え方も変わってくることになるが、単独政党が過半数を取りにくい選挙制度が採用されたことにより、スコットランド独立に対する強力な制度的障害が生まれたことは注目に値する。

第3章ではフランスにおけるコルシカの地域主義の歴史が取り扱われている。ここでの問題意識は、地域統合という国家外部の動きと地域主義という国家内部の動きの双方によって引っ張られることにより、現代の国民国家が弱体化する現象が見られるというものである。特にヨーロッパにおいて、ヨーロッパ統合の進展と地域主義の台頭が軌を一にしている。ただし、ヨーロッパ統合の進展によって一層重要性が増す地域とそうでない地域の二極化が生じることが指摘されており、後者の例としてコルシカが取り上げられている。

スコットランドの事例と同様に、コルシカにおいてもフランスからの完全独立を求める立場と、フランス内部にとどまりながらも自治の拡大を求める立場が混在している。スコットランドの事例と異なるのは、主な財政収入を観光産業とフランス政府からの補助金に頼っているコルシカに経済的自立の展望がほとんど見られないという点である。さらに、主権国家となるためには何人以上の国民を有しなければならないという基準があるわけではもちろんないが、三〇万人に満たない人口規模もまた独立への足枷になっていると考えられる。

一方、両域内に地域主義を抱える国の中央政府も困難な課題を突きつけられている。異なるアイデンティティを持つ地域に対してある程度の自治権を与えることは、その地域における地域主義の先鋭化を防ぐ最も直接的な手段であるが、そのような動きに対して、国内の他の勢力からの反発が生まれることが珍しくないからである。本書では取り扱われてはいないが、カナダのケベック州の分離主義問題では、ケベック州に対する特別の配慮に対して、他の州が不満を増大させていることが解決への道程を一層険しいものにしている。フランス国内においても、コルシカの自治権の拡大に対しては与党内部からも反対の声があがっており、左右の対立よりも、国家の一体性の堅持か、それともヨーロッパ統合の下での地域の独自性の重視かという論点が主要な政治的対立軸になりつつあるという。

第4章では、ヨーロッパ統合の牽引車の役割を果たしてきたドイツにおける別のレベルの「統合」をめぐる苦悩が検討されている。その苦悩とは、難民・旧ソ連圏からの帰還者・外国人労働者・旧東ドイツ国民という四つの種類の人々をいかにしてドイツ社会へ統合するかという問題をめぐるものである。

移民問題に関わる考え方として、ここでは排除モデル・同化モデル・多文化モデルという三つのモデルが紹介されている。排除モデルとは、移民の定住を拒否し、彼らに対する差別的政策を是とする考え方である。一方、同化モデルとは、外国人に市民権を付与するという点で開かれた政策であると評価することができるが、自国の文化などに同化することを強要する点に問題がないわけではない。

最後の多文化モデルに関しては、さらに二つに分けて紹介されている。一つはリベラル多元主義である。これは、公的空間と私的空間を峻別し、私的空間においてのみ外国人や少数民族の文化などを許容するものである。この場合、公的な場では当該国の価値基準や言語が使用されることになる。もう一つはコーポレイト多元主義である。これは、公的空間と私的空間の区別なく、その国の構成原理として多文化・多言語を保障する。第四章では、将来のドイツ社会の秩序モデルとして、リベラル多元主義に期待がかけられている。

いずれにせよ、ヨーロッパ統合という壮大な実験を行っている三つの大国が揃って民族問題を抱えているという事実は、近代化やグローバル化が進むにつれて民族固有のアイデンティティが希薄化していくという論調に対して、厳しい反証を突き付けているように思われる。

第5章と第6章では東南アジアにおける統合と分離の問題がインドネシアとミャンマーの現地事情の紹介を通して取り扱われている。スハルト政権の崩壊以来、インドネシアは極端な場合には国家の大分裂をも招きかねない激動の時代を迎えている。二億人の人口と三〇〇以上もの民族を抱える多民族国家インドネシアは、スカルノ・スハルト両政権の強権的な政策により、国家の統一を保ってきた。しかし、一九七六年に軍事力によって併合し、その後も独立への動きを弾圧し続けてきた東ティモールにおける独立の是非を問う住民投票をハビビ大統領が許可し、住民の圧倒的多数の支持を得て独立が決定した展開を受けて、独立運動のドミノ現象とでも言うべき事態が生じている。独立への動きが最も尖鋭化しているのは天然資源に富むアチェ特別自治州であるが、その他にも、イリアンジャヤ州・リアウ州・東カリマンタン州などでも自治権の拡大を求める動きが活発になっている。

東ティモールの場合は、もともとポルトガルの植民地だった地域をインドネシアが武力によって併合したという特別の事情があるのだが、人口も少なく、経済的にも特筆すべき強みを持たないこの地域が比較的容易に独立を手に入れるという事態のなかで、他の地域の不平等感を押さえきれなくなっているのが現状である。ワヒド政権は各州の自治権拡大による連邦制導入によってこのような動きを乗り切ろうとしているが、自治権の拡大が独立運動の沈静化につながるとは限らない。ここで重要となるのは、インドネシア政府が各州に対してどのような利益や公共財を供給できるかという点であるが、中央政府によって永年搾取されてきたという認識を持つ地域の場合には、インドネシアという枠組みにその地域をつなぎ止めておくことはかなり困難であると思われる。

日本ではあまり認識されていないが、ミャンマーは一〇〇以上もの民族から構成されている多民族国家である。ミャンマー人口のおよそ三割を占める少数民族のうち、七つの民族が自治・独立を要求している。それらの民族が独立闘争としてゲリラ活動を展開してきたために、第二次世界大戦の終結後しばらくして独立を達成したあとも、ミャンマーは幾度も分裂の危機にさらされてきた。国家の統一を維持するために、国軍の軍事力を背景とした強権的な政治が行われ、民主化が達成されないまま現在に至っている。軍事予算は国家予算の五割にも達し、主要産業に乏しいミャンマー経済にとっての重荷となっている。少数民族の独立運動には宗教問題だけではなく麻薬問題も絡んでおり、ミャンマーの民族問題は未だに先が見えない状態である。

第7章ではアメリカにおける国民統合をめぐる苦悩が記述されている。もともと移民によって造られたという成り立ちを持つアメリカは、さまざまな民族をどのように統合していくかという課題と戦い続けてきた。そのなかで、いくつもの民族が混ざりあい、融合することによって強力な活力を生み出していくという「人種のるつぼ（メルティング・ポット）」神話が生まれた。実質的にはＷＡＳＰを中心とする白人がアメリカ社会の主導権を手にしている間は、この神話に対しても深刻な疑問が投げ掛けられることは少なかった。

しかし、近年ラティノ・アジア系などの移民が急増し、二十一世紀後半早々には白人人口の割合が過半数割れになるという見通しが出されている。こうした状況下で、アメリカの白人達は、これまでの移民が見せてきたようなアメリカ社会への積極的な同化の姿勢をラティノ・アジア系の移民は持っていないのではないかという不安を抑えきれないでいる。アメリカは決して「人種のるつぼ」などではなく、各民族が自分達の文化を保持したまま混在している「モザイク国家」に過ぎないという捉え方も存在している。この考え方を押し進めると、民族対立や文明の衝突が将来のアメリカ社会においても頻発することになるという悲観的なイメージを生み出すことになる。

他方で、アメリカにおいても注目されるようになっているのが多文化主義の考え方である。この考え方によれば、アメリカは同化を要求する「人種のるつぼ」ではなく、「サラダ・ボウル」や「オーケストラ」に向かうべきだと主張される。いくつかの野菜の盛り合わせが一つの料理となり、音色のちがう複数の楽器が一つのハーモニーを奏でるように、どちらの表現も、個々の構成要素の個性は保持しながら、個々のパワーの単なる足し算を超えて、全体として新たな価値を生み出すイメージを例示している。

これまで駆け足でヨーロッパ・アメリカ・アジアにおける統合と分裂の諸問題を見てきたが、このような概観によってさえ感じ取られるように、これらは性急な一般化が許されるようなものではない。民族問題を理解するためには、なによりも各々の地域や民族の歴史や文化を理解することが重要であり、本書がそのためのきっかけとなれば、その役割を果たしたと言えるだろう。

池田　佳隆

分裂と統合の相克——揺らぐ〈国民国家〉——／目次

目次

分裂と統合の相克——揺らぐ〈国民国家〉——

第1章 CISにおける分裂と統合

瀬島　誠

はじめに——統合と分裂の相互作用

この書物のなかで、独立国家共同体（以下ＣＩＳ）がケースの一つとして取り上げられていることに、違和感を抱く向きも多いのではないか？　統合と分裂の相克については、フランスのコルシカ、イギリスのスコットランドなど、ＥＣにおいて特に見られる現象である[1]。ＣＩＳ諸国では、分裂の傾向が強く、統合の力学はあったとしてもきわめて弱いものに思われる。しかし、この章は、ＣＩＳにおける分裂がその統合を促進していることを示す。ＥＣとＣＩＳを比較することは可能であり、意味がある。ただし、ＥＣのケースと異なり、ＣＩＳでは統合が分裂を促進するという力学は弱いことも明らかにされる。

あわせて、この章は、成立してから一〇年ほどのＣＩＳを振り返り、その成果と問題点を検討することを第二の目的とする。ＣＩＳが成功であったか失敗であったか、現段階でその評価を下すにはまだ早すぎる。また、ＥＣでさえ、その統合はジグザグの軌跡を描いてきているのであるから、ＣＩＳの今後については即断することは許されない。これらのことを念頭におきつつも、過去一〇年弱の歴史におけるＣＩＳに暫定的な評価を加えてみる。

一　ＥＣとＣＩＳとの比較――超国家性、統合、公共財

ＥＣでの統合と分裂の枠組みをＣＩＳに当てはめる際に、また、ＥＣ型の協力を目指すＣＩＳの成果を検討する際にも、ＥＣとＣＩＳとを比較することが可能かどうかという問題は避けて通れない。結論から言えば、両者を比較することは可能であるが、その際、どのような比較の概念を用いるのかを明確にしておくことが必要である(2)。まず、ＥＵは別にして、ＥＣを論じる際には、超国家性と統合の概念が重要になっている。まず、超国家性についてであるが、超国家性の概念は二つの点で問題を含んでいる。その一つは、概念定義そのものにまつわる問題であり、もう一つは、比較にまつわる問題である。

第一に、超国家性の概念は、その意味合いが曖昧であるという問題点を抱えている。「超国家性」概念には、現存する主権国家および主権国家間の国際的な組織を超えたものであるということが含意されている。とはいえ、それは連邦のような新しい国家を意味するものではない。超国家性の概念は国際関係と一国としての連邦の中間にある状態を示す概念であるが、その明確な定義がはっきりしない。政府間組織とは異質なものとして位置付けられている超国家組織が一般の国家組織、または連邦国家組織とどう異なるのかが明らかではない。サンドホルツ＆ストーンは、「ＥＣ政体の正確な性質に関する議論を避けるために「連邦的」という言葉を使用するのを避ける」と述べざるをえない(3)。さらに、超国家性の概念は実態的な問題を内包している。ＥＣに関しては、超国家性の概念によって説明するか、それを政府間主義の概念によって説明するかで意見が別れている。現在のＥＣが持つ超国家的な要素として指摘されるのは、ＥＣ法が国内法に優越する点と多数決制を導入しているという点であるが、この点では異論が存在する(4)。

図1－1　CIS 諸国（　部分）

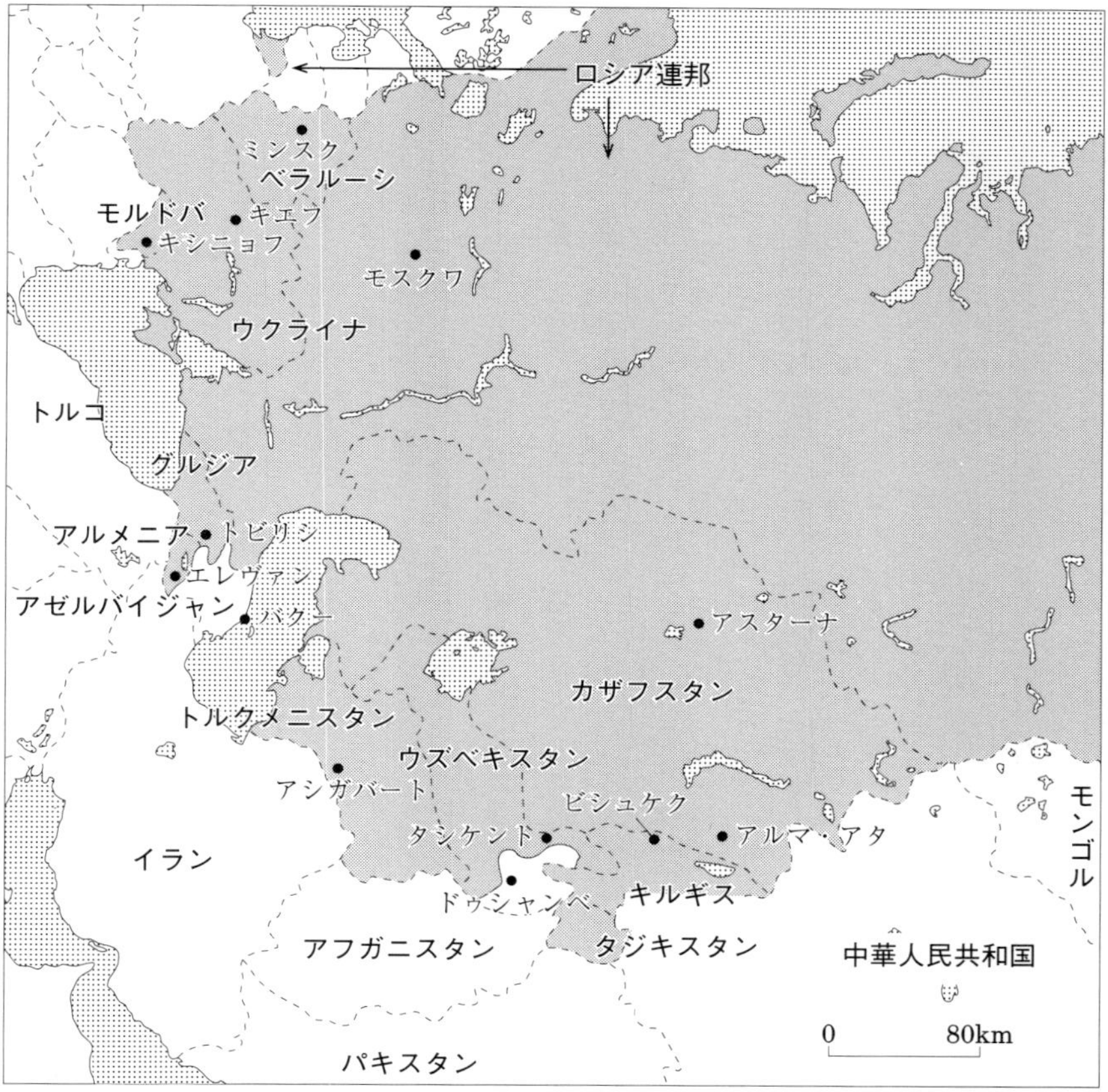

第二の比較に関わる問題はより深刻である。確かにECは他の地域的国際組織とは異なっている。その違いを強調するために超国家性の概念が用いられるわけであるが、この概念を利用することによってECと他の地域組織との比較が難しくなるという逆説的な問題が生じる。かつて、統合論者はECを他の地域組織と比較することを試みて必ずしも成功しなかった。ヨーロッパでの現象はヨーロッパだけでしか見られないものであると批判されて、国際統合論はその理論的意義を疑われたわけである。[5] 超

国家性の概念は今日においてもこの比較の問題を解決できずにいる。

次に統合概念については、超国家性の概念ほどではないにしろ、いくつかの問題点を抱えている。まず、一般に使用されている統合概念における二つの側面を区別したい。一方では、経済交流の増大などによって、主権国家間の関係が緊密になると、その関係を切断するのが困難になり、国家の行動が制約される脆弱性相互依存(6)と同じような意味で統合が使われることがある。これは、環境・状況の変化が国家の行動を制約してゆくという、国家にとってコントロールの難しい過程を意味している。確かにグローバリゼーションは進みつつあるものの、しかし、政策決定や忠誠心の統合という過程が進んでいるとは言えない。相互依存やグローバリゼーションが増大しそれによって主権国家の自律性が制約されてゆく過程を統合とすることは、統合概念の過拡張であろう。

他方、環境や情勢の変化などから、一国では解決できない問題群を国を超えた形で解決しようとする政策対応の積み重ねとして統合概念を使うことができる。ECなどで見られた制度の構築や様々な決定の積み重ねなどがこれに該当する。サブ「国家」が現在の主権国家からの自律を進めるためにECの統合を支持すると論じる場合には、明らかに統合は後者の意味で使われる。それは主に、政策決定や人々の忠誠心の所在がそれまでばらばらであったものが一つにまとまっていく過程を示す概念である。しかし、人々の忠誠心について論じると、その行き着く先として超国家性を論じなくてはならなくなり、超国家性の概念が抱える問題も処理しなければならなくなる。

もし、忠誠心といったメンタルな側面を捨象し政策面だけに限って統合を理解すれば、それは国際公共財の供給問題に言い換えることが可能となる。公共財とは、私的財とは異なり、その財の使用に関して排除不可能性と非競合性が存在するものを言う。現存の主権国家一国では解決できない問題を解決するために、国家を越えて共同で必要な財が供給されていると見るのが国際公共財の考え方である。公共財の考え方にたてば、ECは世界的に特異な例ではなくなり、CISとECの比較は可能となる。ECは相互依存が進む世界のなかで一国では解決困難な問題を複数の国が協力して公共財（排除可能だが非競合性を持つ準公共財としてのクラブ財）を供給する上で、きわめて成功したケースであり、公共財の量の多さとその質の高さで際立っている。

このような文脈にECをおくことによって、他の地域的な協力の試みとECとの比較が可能になり、また、その特異性も説明可能となろう。ＣＩＳとＥＣは同じ地域的公共財であり、両者には公共財の量と質の違いがあるが、比較は可能となる。公共財としてのＣＩＳは使用の排除が不可能でないが難しく、また使用の競合性が存在しえる準公共財である。(7)以下では便宜的に政策面だけに限った意味で統合という概念を使用してゆく。それはきわめて公共財の供給と似通った意味合いであり、本章の終わりでは、公共財概念によってＣＩＳとＥＣの比較が試みられる。

本書のテーマである統合と分裂の相克問題をＣＩＳ諸国の文脈において見ると、それは、ＣＩＳ諸国間に統合が観測されるか、ＣＩＳ諸国内の分裂は進んでいるか、そして、その間に関係があるとすればそれはどのようなものかである。以下では、この三つの問題について検討し、最後に公共財の観点からＣＩＳの評価と展望を行う。

二　ＣＩＳにおける統合の側面——四つの時期区分

ここでは、ＣＩＳの歴史を概観して、ＣＩＳを統合しようとする試みが不完全ながらも続いていることを確認する。ＣＩＳは一九九一年末に創設されたばかりであり、その歴史を整理することは容易ではない。加えて、ＣＩＳ諸国は国内の政治経済社会情勢の混乱を経験しているために、これまでのＣＩＳの歴史には一貫性よりも錯綜、混乱、矛盾の方が多い。それでも敢えて議論を単純化するため、便宜的に時期を四つに区分する。第一期は、ソ連崩壊から一九九二年前半までのきわめて短期的な期間で、ＣＩＳが発足しいくつかの注目すべき「成果」があげられた。その後一九九三年前半までの第二期において、次第にＣＩＳには遠心力が働き始める。しかし、第三期の一九九三年半ばから一九九六年末ころになると、ＣＩＳの統合を進めようとする動きが強まってくる。そして、第四期が始まる一九九七年ころになると、ＣＩＳの統合は行き詰まり始めた。

第一期――設立

一九九一年十二月八日、ミンスクで、ベラルーシ、ロシア、ウクライナの三国首脳は、ソ連の基礎となっていた一九二二年の条約を廃棄してソ連に終止符を打ち、ＣＩＳ創設協定（ベロヴェジ協定とも言う）に調印した。これは、旧ソ連のその他の諸共和国を招かない形で成立したもので、翌日、カザフスタン、キルギス、タジキスタン、トルクメニスタン、ウズベキスタンの中央アジア各国首脳は、急遽、その協定への参加意思を表明した。このことはロシアのＣＩＳに対する認識を示唆してくれる。一九九一年十二月二十一日、グルジアとバルト三国を除く一一カ国で新たにＣＩＳがアルマ・アタにおいて拡大して成立することとなった。アルマ・アタ宣言では、ＣＩＳが同等の主権国家からなり、目的として対外的義務の履行、共通の関税政策と共通の経済圏、旧ソ連の軍事資産の管理などの項目が列挙されていた(8)。

このうち、ロシアが最も重視したのは、旧ソ連の軍事資産管理であった。一九九一年十二月段階で、すでにソ連の核兵器処理に関するある程度の合意は成立していた。それは、一九九二年七月一日までに戦術核兵器をロシアに移管すること、ベラルーシとウクライナが戦略核兵器を廃棄して核拡散防止条約体制に参加すること、そして軍の統一指揮系統の設置などであった。これらはほぼ予定通りに実現し、九六年十一月までに戦略核兵器のロシアへの移管がほぼ完了した。こうして、この時期において、ロシアが最も懸案していた旧ソ連の軍問題はほぼその望み通りに解決された。

その他に、軍事安全保障の分野において、ＣＩＳ諸国間の軍事的な統合が検討され、そのための組織づくりが行われた。ＣＩＳ統合軍参謀本部が設置され、その参謀総長にイェフゲニー・シャポシニコフ元帥が任命された。一九九二年三月に、ＣＩＳ諸国間での軍事力の相互不使用を宣言したことも重要であった。また、一九九二年五月には、集団安全保障条約が成立を見た。当初の参加国は、アルメニア、カザフスタン、キルギス、ロシア、タジキスタン、ウズベキスタンの六カ国であったが、後に、ベラルーシ、そして、アゼルバイジャンとグルジアが参加した。条約は一九九四年五月に発効した。条約では、相互に敵対的な同盟に加盟しないことや参加国の一国に対する侵略は他のすべての国に対する侵略と見なされることなどが規定されており、その性格は軍事同盟の色彩が濃いものであった。(9)

第二期――統合の後退

第一期におけるＣＩＳの成果の時期は長続きしなかった。その最も根本的な理由は、前述のように、ロシアにおいて、ソ連崩壊後の国内政治経済改革に対する楽観論が支配的であったからであり、ロシアはＣＩＳを資産というよりも負担として捉えていたことである。この時期におけるルーブル圏の崩壊も、同様に、ロシアがその一方的な負担を嫌ったからであった。(10)

逆説的であるが、第一期にＣＩＳが軍事安全保障分野で画期的な成果をあげたことが、その後におけるＣＩＳの重要性を低める結果となったと言えよう。一九九三年六月、ロシアはＣＩＳ首脳会議でＣＩＳ統合軍最高司令部を軍事協力・協調スタッフに改組する提案を行い、採択された。これは事実上、ＣＩＳ統合軍の終焉を意味するものとなった。

オドムは、ＣＩＳ諸国間の軍事的統合が行き詰まった背景として、グラチョフ・ロシア国防相とシャポシニコフとの間の権力闘争と、ＣＩＳ統合軍による財政負担をロシアが嫌ったことを指摘している。(11)一九九二年の段階ですでにロシア軍は、旧ソ連軍の軍事的資産の大半を掌握していた。ロシア軍はそれを基礎に独自の軍組織の建設を進め、それに対応して、他のＣＩＳ諸国も独自軍の構築に着手し、九二年末までには各国ともその作業を終了した。九二年五月の集団安全保障条約はその趣旨からして主権国家とその軍隊を前提とするものであったから、すでにその段階で、ＣＩＳの軍事的統合には限界が見えていたと言える。

さらに、ＣＩＳ集団安全保障条約も、その意図の表明にとどまるもので、現実は同盟条約からはほど遠いものとなった。それは対外的な脅威に対抗する同盟であるが、具体的な対外的脅威は分かりにくい。一九九四年に、アゼルバイジャンがアルメニアとのナゴルノ・カラバフ問題について、この条約を援用しようとした際、ロシアは対外的な脅威ではないとして否定的な姿勢を貫いた。[12] ＣＩＳ諸国にとってより緊急の課題は、対外的な脅威よりも経済危機や政治的安定の欠如、そして分離運動など、それぞれの国内に存在するものであった。

経済面でも、分裂への傾向が強まった。一九九三年には、ロシアによるルーブル圏が崩壊し、各国は独自の通貨を導入した。ロシアは一九九二年に価格の自由化に踏み切るとともに、インフレを抑制するためにＣＩＳ諸国へのルーブル供給を削減していった。これに対して各国は、経済運営上の要請から、そして国家主権の象徴として、それぞれ独自通貨を導入したが、その結果、旧ソ連時代の有機的な経済システムは瓦解し、各共和国の経済問題は一層深刻なものとなっていった。一九九三年の五月に独自通貨の導入に踏み切ったキルギスでは、その後経済危機が悪化し、アカエフ大統領に対する不満が高まった。**表１-１**のように、一九九三年のウクライナのインフレ率は、年率一万一六〇％を記録した。これと同じレベルの超インフレがアルメニアとグルジアをも襲った。[13] ロシア中央銀行は、九三年七月にそれまでのルーブル通貨を無効と宣言した。こうして、ＣＩＳにおける単一経済圏の基礎となる単一通貨システムは崩れた。

表 1 - 1　CIS 諸国のインフレ率（消費者物価上昇率）

	1991年	1992年	1993年	1994年	1995年	1996年	1997年	1998年	1999年
アゼルバイジャン	110	910	1,130	1,660	410	20	0	▲1	▲8
アルメニア	140	730	10,900	4,960	180	20	10	10	0
ベラルーシ	90	970	1,190	2,220	710	50	60	70	290
グルジア	80	750	11,270	6,470	60	10	10	10	20
カザフスタン	80	1,510	1,660	1,880	180	40	20	10	10
キルギス	110	850	1,210	280	50	30	30	10	40
モルドバ	110	1,110	1,180	490	30	20	10	10	40
ロシア	160	2,510	840	220	130	20	10	80	40
タジキスタン	110	910	2,140	240	440	270	70	40	30
トルクメニスタン	110	770	1,630	2,710					
ウズベキスタン	100	410	1,230	1,550	320				
ウクライナ	290	2,000	10,160	400	180	40	10	20	20

（注）　年率，単位は%。▲はマイナス。空欄は不明。

（資料）　Mezhgosudarstvennii statisticheskii kommitat Sodruzhestva hezavisimaykh gosdarstv《*Statisticheskii Ezhegodnik 98g.*》Moskva, 1999. より。1999年のデータは，インターネットから〈http://www.unece.org/stats/cisstat/public.html〉。

第三期――再び統合への動き

一九九三年後半から統合への動きが再び強まり始めた。その動きを示す出来事は、ＣＩＳ加盟国の数が増えたことである。一九九三年の後半に、ＣＩＳ創設協定の批准を行わなかったアゼルバイジャンと当初からＣＩＳへの参加を拒んでいたグルジアが相次いでＣＩＳに加盟した。後述するように、グルジアは国内の分離運動の問題を解決する手段として、ＣＩＳへの加盟を選択した。また、アゼルバイジャンは一九九一年末に一旦はＣＩＳ創設協定に署名したものの一九九二年末に同国議会が批准を拒否していた。しかし一九九三年九月二十四日、モスクワで開かれたＣＩＳ諸国首脳会議に出席したアリエフ大統領代行はＣＩＳへの加盟を表明し、同月二十九日、同国議会はＣＩＳ加盟を批准した。アゼルバイジャンが再びＣＩＳに目を向けるようになったのは、経済を再建しアルメニアとの紛争を解決するためにはロシアに依存することが必要だったからである。これを受けてロシアは、ナゴルノ・カラバフ紛争を仲介する外交を行った。

さらに、安全保障分野でいくつかの合意が成立した。一九九四年には、CIS諸国の主権・領土的一体性・国境の不可侵性の宣言がアルバニアを除き採択された(14)。一九九五年二月、アゼルバイジャンとモルドバが参加しなかったもののCIS共同防空に関する合意が成立した。一九九五年五月、CISの共同国境防衛に関する合意が成立したが、アゼルバイジャン、モルドバ、トルクメニスタン、ウズベキスタン、ウクライナが参加しなかった。一九九六年一月、平和維持活動に関する枠組み合意が成立したが、アゼルバイジャン、カザフスタン、モルドバ、トルクメニスタン、ウクライナが参加しなかった。

経済分野では、一九九三年には、CIS諸国間でルーブル圏を再構築する動きや、それを基礎とした経済同盟を形成する動きが続いたが、結局は具体的な成果をあげられなかった。一九九三年九月七日の新ルーブル圏協定は、ロシア中央銀行が発行する新ルーブル通貨を単一の共通通貨とし、経済同盟を創設することを究極的な目的としたものであった。九月二十四日のCIS首脳会議では、共通の金融・通貨政策やモノ、カネ、ヒトの自由な移動を保証する統一市場をめざしたCIS経済同盟条約が九カ国により調印された(15)。しかし、ロシアが新ルーブルの流通について新たに厳しい条件を各国に突きつけたことなどにより、新ルーブル圏協定は十一月には崩壊した。こうして、経済同盟構想の基盤は早くも失われていった。

にもかかわらず、一九九四年四月には、自由貿易圏協定が調印された。また、一九九四年九月のCIS首脳会議では、CIS諸国の経済政策を調整する国家間経済委員会の設置と決済同盟設立に関する条約が調印された。九三年十二月には決済同盟のための国家間銀行が創設されたが、九五年五月に正式に解体され、CIS諸国間の取引清算は二国間ベースでドルにより行われることになった。こうして、CISにおける貿易は市場を基調とすることに

表1-2　CIS各国の国内総生産の増減率

	1991年	1992年	1993年	1994年	1995年	1996年	1997年	1998年	1999年
アゼルバイジャン	▲0.7	▲22.6	▲23.1	▲19.7	▲11.8	1.3	5.8	10.0	7.4
アルメニア	▲11.7	▲41.8	▲8.8	5.4	6.9	5.8	3.3	7.2	3.1
ベラルーシ	▲1.2	▲9.6	▲7.6	▲12.6	▲10.4	2.8	11.4	8.4	3.0
グルジア	▲21.1	▲44.9	▲29.3	▲10.4	2.6	11.2	10.8	2.9	3.0
カザフスタン	▲11.0	▲5.3	▲9.2	▲12.6	▲8.2	0.5	1.7	▲1.9	1.7
キルギス	▲7.9	▲13.9	▲15.5	▲20.1	▲5.4	7.1	9.9	2.1	3.6
モルドバ			▲1.2	▲30.9	▲1.9	▲5.9	1.6	▲8.6	▲4.4
ロシア	▲5.0	▲14.5	▲8.7	▲12.7	▲4.1	▲3.4	0.9	▲4.9	3.2
タジキスタン			▲16.3	▲21.3	▲12.4	▲16.7	1.7	5.3	3.7
トルクメニスタン			1.5	16.7	7.7	0.1		5.0	16.0
ウズベキスタン	▲0.5	▲11.1	▲2.3	▲5.2	▲0.9	1.7	5.2	4.4	4.4
ウクライナ	▲8.7	▲9.9	▲14.2	▲22.9	▲12.2	▲10.0	▲3.0	▲1.9	▲0.4
CIS全体	▲6.0	▲13.9	▲9.7	▲14.2	▲5.3	▲3.2	1.0	▲3.7	2.9

（注）▲はマイナス。単位は%。
（出典）*Statistika SNG.* 6(237), Mart, 2000g., c. 76. より。

なった。

ＣＩＳ全体での調整が困難となると、その一部諸国の間だけでも協力を進めようとする試みも行われた。一九九五年一月、ベラルーシ、カザフスタン、ロシア三国による関税同盟が成立した(16)。さらに一九九六年三月にキルギスがこれに加盟し、また九九年二月にはタジキスタンが加盟した。

ＣＩＳ統合が再活性化したことの背景には、少なくとも以下のような三つの行き詰まりがあったことを指摘することができよう。その第一は、ＣＩＳ各国の経済が行き詰まっていたことである。**表1-2**はＣＩＳ各国のＧＤＰの伸び率を示したものである。一九九三年までトルクメニスタンを除き、すべてのＣＩＳ諸国のＧＤＰ対前年比伸び率はマイナスを記録した。九四年になってアルメニアで、翌年にグルジアでＧＤＰ成長率がプラスに転じたが、ウクライナを除いてすべてのＣＩＳ諸国がプラスの成長を記録するのは一九九七年を待たねばならなかった[17]。

第二は、各国国内政治の混迷である。ＣＩＳ各国では、経済情勢の悪化は、国内政治社会情勢の悪化に結びついた。ロシアでは、エリツィン大統領と政府を批判するロシア自由民主党やロシア共産党などの勢力に対する国民の支持が強まった。それら勢力は、ロシアが旧ソ連諸国の間で影響力を喪失してゆくことについて、現政権を批判した。ロシアの対ＣＩＳ諸国政策の見直しの背景には、このような国内情勢の変化があった。ＣＩＳ各国は、大なり小なりこのような国内政治の不安定化に悩まされた[18]。

第三の要因は北大西洋条約機構（ＮＡＴＯ）拡大問題である。ロシアが西側諸国のＮＡＴＯ拡大に対してとりうる数少ない対抗措置の一つはＣＩＳ諸国との関係を軍事的に強化するというものであった。ＮＡＴＯの東方拡大に際してロシアが学んだことは、大国だけに外交努力を集中して中小国を軽視することは、それらの国々のロシア離れを許すことになるというものであった。一九九六年末ころからカフカス地方に対するアメリカの政策に変化が生じ、地政学的な考慮からこの地域へのプレゼンスを拡大していることは、ロシアにとっては懸念すべき材料であった[19]。こうして、ロシア外交はこの時期以降、ＣＩＳ地域をロシア外交の最重要地域として位置付けることとなり、二〇〇〇年六月に承認されたロシアの外交概念でも、ＣＩＳ地域をロシアの国益にとって重要な地域の第一番にあげている[20]。

第四期——一九九七年ころから再び停滞と存続

その統合への動きは一九九六年ころになると再び勢いを失っていった。具体的なデータを見てみよう。まず、第三期における統合への試みにもかかわらず、ＣＩＳ域内での経済的なつながりが弱まってゆく傾向を逆転することはできなかった。貿易に関しては、ＣＩＳ各国が行う貿易のうちで域内諸国との貿易が占める割合が減少を続けて

表１－３　CIS諸国のCIS向けと世界向け輸出入の増減（前年比）

	1995年	1996年	1997年	1998年	1999年１月から11月
輸出全体	**123%**	**110%**	**100.8%**	**85%**	**96%**
CIS加盟国向け	112%	111%	100.4%	80%	75%
世界の他の諸国向け	128%	110%	100.9%	87%	104%
輸入全体	**126%**	**109%**	**109%**	**86%**	**74%**
CIS加盟国向け	128%	111%	97%	83%	77%
世界の他の諸国向け	124%	108%	117%	88%	73%

（出典）　*Statistika SNG.* 2(233), Ianvar', 2000g., c. 13. より。

いる。これは、かつて旧ソ連諸国に存在した経済の有機的な関係が次第に弛緩し始めていることを意味している。**表１－３**は九五年からＣＩＳ各国の輸出入の対前年伸び率を示したものである。ＣＩＳ加盟国向けの輸出の伸び率よりもその他の諸国向けの輸出の伸び率が大きいし、輸出が減少する場合でもＣＩＳ加盟国向け輸出の減少率のほうが大きい。関税に関しても、ＣＩＳ諸国の間では、経済的な遠心力が観測される。一九九二年から一九九四年にかけては関税率の低下が観測されたものの、一九九五年には各国の関税率は上昇に転じた。関税同盟にもかかわらず、各国は一方的な経済政策を採用していたのである。ベラルーシとロシアの関税率は一気に九四年の一桁台から九五年にはそれぞれ二九一％と二七一％に急増した。一九九六年以降、各国の関税率は一〇〇％から一二〇％程度の幅に収まっているものの、高い水準を維持している。(21)

遠心力の典型的な事例は、一九九九年四月にアゼルバイジャン、グルジア、ウズベキスタンがＣＩＳ集団安全保障体制から離脱することを決定したことである。ＣＩＳ以外の他の地域機構が増えてきていることもＣＩＳの遠心的な傾向を物語るものとなっている。(22)一九九四年八月、カザフスタン、キルギス、ウズベキスタンが経済面と防衛面での協力を促進する目的で中央アジア連合の創設条約に署名した。その後、一九九八年にタジキスタンが加盟し、その名称を現在の中央アジア経済共同体とした。九九年六月には、新たにグルジア、ウクライナ、トルコがオブザーバーとして参加した。また、一九九七年、アゼルバイジャン、グルジア、モルドバ、ウクライナの四カ国が、カフカス地域での経済と安全保障面での協力を目指すGUAMグループの結成を宣言した。一九九九年四月にウズベキスタンもこのグループに参加した。

このロシア離れの傾向と対極にあるのが、ベラルーシとロシアの間の関係強化である。一九九六年四月、ベラルーシとロシアは統合条約に調印し、両国間において主権国家共同体を結成することに合意した。そして、一九九九年十二月には、ベラルーシとロシアの間で連邦国家創設条約が調印された。とはいえ、この両国間の試みは必ずしもスムーズではない。

そして、一九九八年夏におけるロシアの金融危機は、CIS諸国全体に大きなダメージを与えた。その結果、この地域におけるロシアのプレゼンスは縮小せざるをえなかった。それに代わって、アメリカやIMF、世界銀行などの国際機関の役割が相対的に拡大した。また、九九年二月十九日、カザフスタン、キルギス、ウズベキスタン三国の大統領は、カザフスタンの首都で中央アジア連合の会議を開き、国際経済の危機に共同で対処するとした覚書に署名した。カザフスタンのナザルバエフ大統領は、この問題での中央アジア経済共同体の重要性がより高まっていると述べた。(23)

このように、CISに再び停滞の機運が高まってきた理由としては、第一に、ロシアの力の限界とロシアに対する不満が指摘されよう。典型的には、後述のように、グルジアがCIS集団安全保障体制から離脱した理由として、その点が指摘されている。しかし、この種のロシアに対する不満は、変数というよりも定数的なものであり、あまり強調されすぎるべきでない。

より重要な要因は、一九九六年末ごろからカスピ海地域においてアメリカを始めとした欧米諸国や国際機関が関与を強めつつあることである。この地域の各国はロシア、CISとの関係以外の外交の選択肢を持つことになった。

アメリカはカスピ海の石油開発をめぐってアゼルバイジャンとの関係強化に乗り出した。ロシアの経済情勢の悪化が比較的弱い近隣諸国に波及するのを防ぐため、ＩＭＦや世界銀行は九八年末に会合を持ち緊急融資を実施した。さらに、キルギスがロシアに先んじて旧ソ連諸国のなかで初めて、一九九八年十二月にＷＴＯへの参加を実現した。ラトビアとエストニアに続いて、グルジアも二〇〇〇年七月にＷＴＯへの加盟を実現した。ＮＡＴＯも平和のためのパートナーシップの枠組みを通じて、この地域に対する関与の姿勢を強めている(24)。

ただし、ＣＩＳは存続を続けているし、また、状況の変化によって新たに協力を進める動きも出ている点には注意を要する。ＣＩＳは加盟国首脳間のフォーラムとして機能し続けており、首脳会議は定例化している。アフガニスタンがイスラム原理主義勢力タリバンによってほぼ制圧された後、二〇〇〇年に入って、イスラム過激派への警戒感がＣＩＳ諸国において高まっており、ＣＩＳに対してこれまで懐疑的であったウズベキスタンがロシアとの関係強化に積極的な姿勢を示した。ＣＩＳ共同防空システムの参加国数は次第に増大している。一九九八年におけるＣＩＳ共同防空の演習に参加した国は四カ国だけであったが、九九年には五カ国になり、二〇〇〇年には、アルメニア、ベラルーシ、カザフスタン、キルギス、ロシア、タジキスタン、ウクライナの七カ国が参加した。二〇〇〇年七月には、ウズベキスタンがＣＩＳ共同防空システムに参加を決定した。二〇〇〇年十月十日には、ベラルーシ、カザフスタン、キルギス、ロシア、タジキスタンのＣＩＳ関税同盟がユーラシア経済共同体と名称を変更した。また、同じ時期、この五ヵ国にアルメニアを加えたＣＩＳ集団安全保障条約加盟国はタリバン問題などに対処する五ヵ年地域安全保障計画を策定した(25)。

三　ＣＩＳ各国内の分裂とＣＩＳの統合

これまでＣＩＳ統合への動きが散見されることを確認した。以下では、分裂の様相について検討する。最初に、ＣＩＳを構成する諸国の民族構成を概観する。その後、各国内での分裂がＣＩＳの統合を進める現象を見出しえるグルジア、ウクライナとカザフスタンのケースについて検討する。

図1-2が示すようにＣＩＳ諸国はそのほとんどが多民族から構成されている。[26] グルジアについては、一九八九年のデータでは、少数民族としてオセチア人（全人口の三・〇四％）やアブハジア人（一・七八％）がグルジアからの分離独立を求めている。カザフスタンとキルギスでは、自国民族の割合が相対的に少ない。特に、カザフスタンでは、一九九七年の段階でカザフ人は全体の四八・一％しか占めておらず、全人口の半分にも達していない。その次に多いのはロシア人で、その割合は三四・一％に達している。後で見るように、この民族構成がカザフスタンのＣＩＳに対する政策を特色付ける要因の一つとなっている。キルギスについては、六割ほどがキルギス人であるが、一五％をロシア人が、一四％をウズベキ人が占めている。特に後者のウズベキ人はウズベキスタンへの併合を求めるなど、キルギスの政治的不安定要因になっている。[27] モルドバについては、その人口のうち六割ほどをモルドバ人が占めているが、ロシア人が一二・八％を占めており、ロシア人が多く居住するドニエステル地方がモルドバからの分離独立を求める運動を展開している。ロシアにおいては、八三％がロシア人であるが、その他に数多くの少数民族がおり、分離独立を求めるチェチェンとロシア政府との間で軍事衝突が発生した。最後に、ウクライナでは、その人口の七割強がウクライナ人であるが、ロシア人が二二・二％を占めており、潜在的な不安定要因となっている。このように、ＣＩＳ諸国は程度の差こそあれ多民族国家であり、どの国も分裂の可能性を抱えている。以

図１－２　CIS 各国の民族構成（1991年）

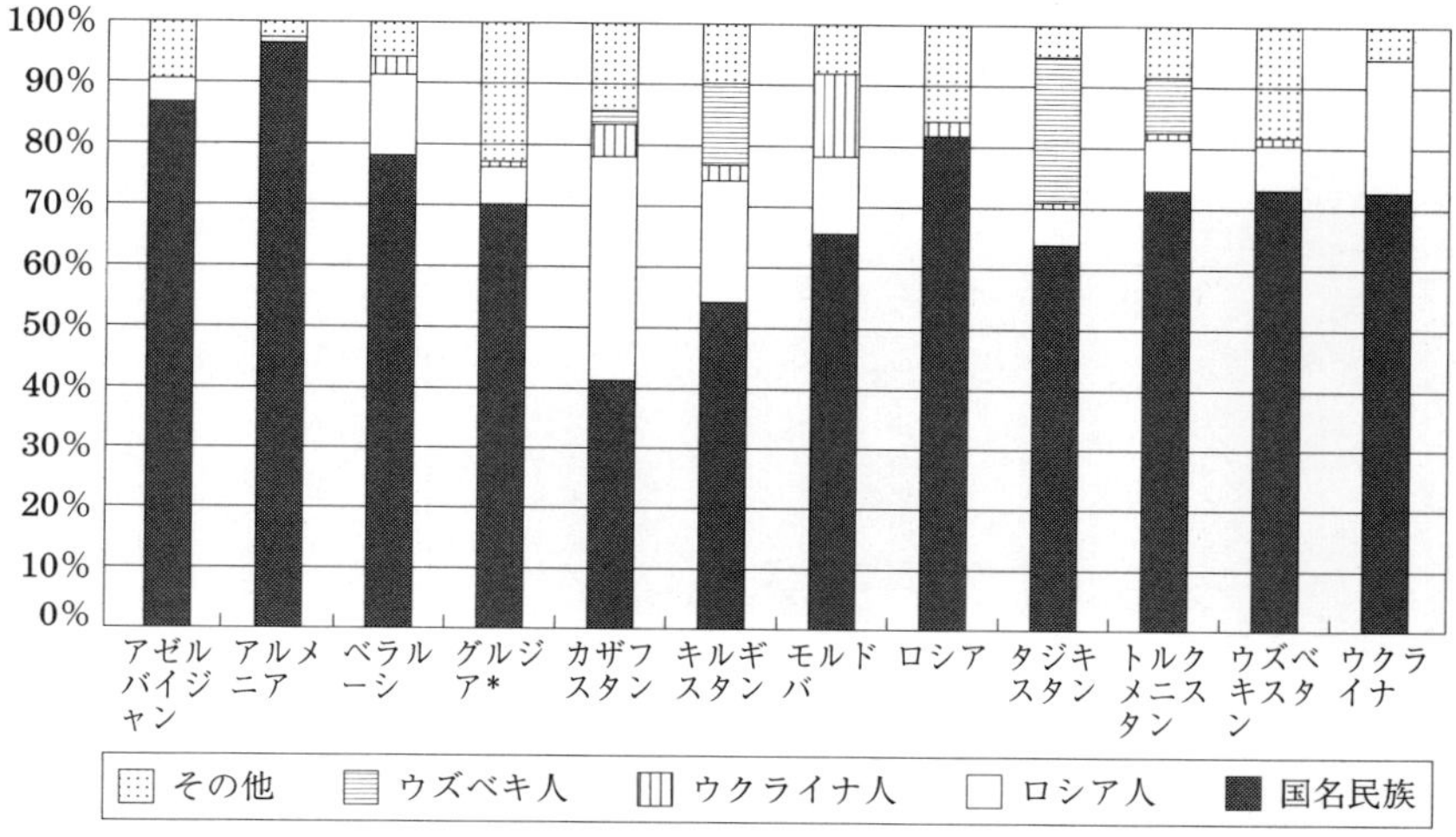

（注）　＊印の国は1989年のデータ。
（資料）　*Statistika SNG*. 3(211), Fevral, 1999g., c. 30-33. より作成。

下では、そのうち、ＣＩＳの分裂と統合が関係する、グルジア、ウクライナ、カザフスタンの三国について、具体的に分裂と統合の関係を検討する。(28)

グルジア

一九九三年十二月九日、これまでＣＩＳへの加盟を頑なに拒み続けてきたグルジアが、正式にＣＩＳに加盟した。九四年二月四日には、グルジアとロシアは友好協力条約に調印し、グルジア国内に新たに三カ所のロシア軍基地を設ける、グルジア軍の創設にロシアが協力する、安全保障に関する協議機関を設置するなどで一致を見た。

このようにグルジアがＣＩＳとロシアに対する政策を大きく転換させた背景には、国内の民族紛争を解決するために、グルジアがロシアの援助を仰ぐようになったことがある。グルジアは西岸のアブハジアと南オセチアの民族問題を抱えていた。シェワルナゼ・グルジア最高会議議長はアブハジア勢力やガムサフルディア前大統領の武装蜂起への対応に苦慮していた。九三

図1－3　カフカス地域（▒は紛争地域）

年九月には、シェワルナゼ政権は、ロシアの支援を得て、ガムサフルディア元大統領派の武力攻勢を鎮圧することに成功していた。アブハジアの民族紛争も十月以降下火になった。九四年六月末には、ロシア軍が、グルジアとアブハジア双方の合意のもとでアブハジアからグルジアに追放された二五万人にのぼる難民の帰還と停戦監視のため、グルジア・アブハジアの境界に三〇〇〇人ほどの平和維持軍を派遣した。

　グルジアでは、国内分裂がCISへの参加を要請したことになり、CISの統合が加速された。ただし、グルジアは国内の分裂を抑えるためにCISに接近したわけで、ここでは、CIS統合はグルジア国内の分裂を促進することなく、逆に抑えるという働きをしている。このグルジアのケースは、E

Cのような統合と分裂が相互に増幅し合うというケースとは別のものである。

実際、カスピ海地域に対する欧米諸国の関与が増大すると、グルジアはCISとの間に距離をとり始めた。九八年一月頃には、グルジアはそのアブハジアへの対処をめぐってロシアとの間で軋轢を強めた。九八年一月、シェワルナゼ議長はグルジアはボスニア・ヘルツェゴヴィナのような国際的な平和維持軍の展開を希望していると表明した。停戦が成立して以後、ロシアによる問題解決が進んでいないことがその理由であった。九八年十一月三日に、グルジアとロシアはトルコの国境沿いのグルジアに駐留するロシアの国境警備部隊が九九年七月までに撤退することで合意し、十月十五日に撤退が完了した。(29) そして一九九九年四月にグルジアはアゼルバイジャン、ウズベキスタンとともにCIS集団安全保障条約を脱退した。この事例は、CIS統合が国家の分裂を回避する手段として捉えられていることを示してる。

ウクライナ

CIS諸国のなかで、ウクライナはその統合に最も消極的な国の一つであった。しかし、ウクライナにとって、CISとの関係を完全に断ち切ることはできないという国内事情が存在する。一つは、国内経済の観点から、ロシアとの関係を悪化させないことが必要である。ウクライナはロシアに対してエネルギー資源を一方的に依存しており、ウクライナの経済的困難からその支払いが焦げ付いている。また、ウクライナ国内では、ロシアとの経済関係を重視する産業部門が存在している。(30) 第二に、ウクライナはその西部がヨーロッパ寄りで、その東部がロシア側に傾いているという、国内が分裂する傾向を潜在的に抱えている。(31) 国内経済が混乱し、それが政治的混乱を助長している状況では、この国内二分状況はウクライナの国家建設にとってはきわめて危険である。一九九八年三月末に開催されたウクライナ議会での選挙で、ロシアとの関係強化を唱える共産党が二五〇議席中一二一議席を獲得して第一党に躍進したことは、示唆的である。ウクライナ西部出身の現大統領であるクチマは、この状況からロシアとの関係改善をすすめ、九七年五月に黒海艦隊の帰属問題の解決に成功し、ロシアとの間で友好協力条約を締結した。

ウクライナがCIS、特にロシアとの関係を一定の友好的なものに保つことは、国内のロシア寄りの勢力が求めるものであり、国内問題の悪化を防ぐという意図にかなうものである。その点では、分裂と統合の相互増幅作用を観察することができる。しかし、ウクライナは必ずしもCISの強化、統合を求めてはいない。国内的な事情からCISとの関係を無視できないだけである。ウクライナは、NATOや西側諸国との関係もさらに緊密なものにしようとしている。その上、ロシアとの関係を改善することに対してバランスをとろうとする外交として、GUUAMグループへの参加に見られるように他の地域諸国との協力関係を強化しようとしている。国内の政治経済情勢が安定することになれば、グルジアと同様にウクライナにとってCISとの関係はそれほど重要でなくなる事態も考えられる。

カザフスタン

最後に、カザフスタンのケースであるが、このケースでは、ウクライナのケースと同じ分裂と統合の力学を見出すことができる。前述のように、カザフスタンでは、全人口に対してカザフ人とロシア人がほぼ同じ割合を占めている。カザフスタンは独立後、その国家建設を進める上で、その多くが専門職についているロシア人を必要とした。そのため、強硬なカザフ化を進めることは国家建設にとって好ましいものではなかった。ロシア人は主にカザフスタンの北部に居住しているため、カザフスタン政府は首都をアルマ・アタから北部のアスタナに移した。カザフスタンはロシアとの関係を友好に保ち、CISの協力関係を進めることに積極的な姿勢を示してきた。ナザルバエフ大統領がユーラシア同盟という新たな統合の形を唱えた背景には、そのような国内事情があった。カザフスタンのロシア人も、ロシアとの関係強化、ＣＩＳ統合推進に積極的であり、カザフスタンのラド（協調）という政治組織は、ベラルーシとロシアの連邦への参加さえ求めている。ただし、カザフスタン政府はカザフの憲法体制を破壊するものであるとして、この要求を退けている(32)。

このように、カザフスタンでも、国内分裂の動きがカザフスタンのＣＩＳへの統合を進めている。ただし、カザフスタンのケースでも、ＣＩＳ統合はその国家建設の手段という性格が強く、その統合がさらなる分離運動の高まりにつながるかどうかは分からない。カザフスタンは、カスピ海地域への欧米諸国や国際機関の関与が拡大するなかで、徐々にロシアとの友好関係のレベルを低めているようである。カスピ海地域への欧米諸国の関与が拡大し、西側諸国の直接投資や技術援助などを通じてカザフ人の教育、技術レベルが向上してゆけば、必ずしもカザフスタン内のロシア人を優遇する必要はなくなるかもしれない。

四　国際公共財としてのＣＩＳとその今後

以上の分析から、旧ソ連地域のおいて見られるのは、ＣＩＳでの曖昧な形の統合と国内の分裂を抑えるためにＣＩＳでの協力を行おうとするＣＩＳ構成国の姿である。グルジア、ウクライナとカザフスタンのケースでは、ＥＣで見られるような統合と分裂の力学の一部を観測することができた。

とはいえ、ＥＣとＣＩＳの統合と分裂には大きな違いがある。ＥＣ諸国は国内分裂を回避するために統合を進めようとしているわけではない。しかし、グルジアやウクライナのケースを典型として、ＣＩＳでは、分裂の危機にある国家がその分裂を回避するために統合を求めている。この違いゆえに、ＣＩＳで見られた分裂が統合を促す現象は、グルジアのように、また、ウクライナとカザフスタンのケースで検討したように、今後の情勢展開次第では、消失することになるかもしれない。

この点でのECとCISとの違いは、CISがロシア一国によって公共財が提供されるシステムになっていることと関係している。ECはクラブ財と考えられ、メンバーとして排除される可能性があることから、各国の政策は制約を受ける。クラブ財の性格が強まることは、主権国家内の分離運動には好ましい。その場合には、統合は分裂を促す。他方、CIS地域を国益にとって最も重要な地域と考えるロシアにとってはCIS加盟国を排除するのは、不可能ではないが、難しい。その点では、CISはECよりも純粋公共財に近いものである。この場合、統合は必ずしも分裂を促さない。だが、財の供給は主にロシア一国によるものであり、その供給量は限られているので、使用の際に競合性が生じえる。この競合性ゆえに、CISはロシアの私的財という性格をも持ち合わせている、準公共財である。ウクライナ、モルドバ、カザフスタンのケースでは、それらの国に在住するロシア人またはロシア寄りの人々がその国を分裂させる可能性を秘めている。そのため、これら諸国はロシア中心のCISへの関与を維持している。であるから、CISにおいて、分裂は統合を促しえるのである。

最後に、これまでのCISはどのように評価されるか、そしてCISは今後どうなるかという問題が残っている。西側諸国におけるCISの評価については、失敗であったという点で合意ができているようである(33)。果たして、それほど単純に結論づけてよいものか。

確かに、EC型の統合を目指すという目的からすると、CISの試みは失敗であった。しかし、最初に述べた、公共財という観点からすると、CISはかなりの成果をあげている。CISは各国首脳の外交フォーラムであり、ほぼロシア一国による限定的ながらも一応の平和維持活動を提供し、イスラムの脅威に対する協力の場を提供している(34)。なによりもCISの功績は、ソ連崩壊というショックを和らげる役割を果たしたことであろう。CISが提供する第一の財は、関係諸国の国家建設を促進することである。国境線の不可侵、相互の武力不行使などはそのためのものであった。ソ連崩壊後の旧ソ連諸国が旧ユーゴスラビアのような公然とした戦争状態に陥らなかった要因の一つは、ソ連崩壊後、ソ連構成共和国の国境線を不可侵とする宣言が成立しえたことであろう。ナゴルノ・カラバフ紛争でアルメニアが軍事的にアゼルバイジャンを圧倒したが、その国境線変更はＣＩＳ諸国によって承認されることはなかったことが、その協定の意義を物語っている。[35] ウズベキスタンとカザフスタンという地域的大国に挟まれているキルギスにとって、ＣＩＳは両国への保障措置となっている。当面の経済的な困難を克服するための経済協力への試み、平和維持、軍事協力なども、一定の成果をあげることができた。ＣＩＳが成立しえなかった場合を想定して思考実験してみると、ＣＩＳが公共財としてかなりの成果を挙げているが分かるだろう。[36] もちろん、その公共財の質と量はＥＣのそれをはるかに下回る。

今後のＣＩＳはどのようなものになると考えられるか。ますます分裂してゆくと考えてよいであろうか。確かに、旧ソ連諸国がＣＩＳを重視する理由は、そこから期待できる純利益があるからであり、その期待純利益が少なくなってゆくと、ＣＩＳの遠心的な傾向は強まると考えられる。各国が次第に経済的な成長を実現し、政治的に安定してゆけば、ＣＩＳが提供する公共財に対する需要は減少し、ＣＩＳに遠心的な力が働くことになるはずである。

ＣＩＳ諸国がつくってきた制度枠組みは、必ずしも有効に機能しているとは言えないものの、しかし、それが崩壊してしまったわけではない。ＣＩＳ諸国が抱える問題は容易に解決を許す類いのものではないであろう。それゆえ、各国ともなんらかの形の公共財を自国の外に求める必要に迫られることになろう。さらに、グローバリゼーションの進展はその傾向に拍車をかけるものと思われる。したがって、ＣＩＳの将来については、ＥＣ型の統合に向かうという一方の極と、完全に廃棄されるというもう一つの極の間で揺れ動くというイメージがおそらく妥当なものとなるであろう。ＣＩＳは制度としては存続してゆき、そのうち、有効でなくなった部分は利用されなくなるが、それで完全に廃棄されるわけではなく、状況の変化に応じて、それまでに形成されたものが利用されることもあるというイメージである。前述のように二〇〇〇年に入ってタリバン問題（一六―一七ページ参照）を協議していることがその一例である。

注

（1）池田佳隆「グローバル・システムの三層構造論の批判的検討」『国際政治』第一一〇号、一九九六年、木村雅昭・廣岡正久編『国家と民族を問いなおす』ミネルヴァ書房、一九九九年、梶田孝道『エスニシティと社会変動』有信堂、一九八八年。

（2）統合論について、鴨武彦『国際統合理論の研究』早稲田大学出版会、一九八五年。Ben Rosamond, *Theories of European Integration*, Macmillan Press, 2000 ; Dimnitris N. Chryssouchoou, Michael J. Tsinsizelis, Stelios Stavridis, and Kostas Ifantis, *Euroep in Change*, Manchester University Press, 1999.

（3）Wayne Sandholtz and Alec Stone Sweet, eds., *European Integration and Supranational Governance*, Oxford University Press, 1998.

（4）田中俊郎『EUの政治』岩波書店、一九九八年、最上敏樹『国際機構論』東京大学出版会、一九九六年。Andrew Moravcsik, *The Choice for Europe*, UCL Press, 1998 ; and “A New Statecraft ? Supranational Entrepreneurs and International Cooperation,” *International Organization*, vol. 53, no. 2, spring 1999, pp. 267-306 ; Michael Burgress, *Federalism and European Union*, Routledge, 2000.

（5）Joseph S. Nye, Jr., *Peace in Parts*, Little, Brown, 1971.

（6）Robert O. Keohane and Joseph Nye, Jr., *Power and Interdependence*, Little, Brown, 1977.

（7）Philip G. Gerny, “Globalization and the Changing Logic of Collective Action,” *International Organization*, vol. 49, no. 4, autumn 1995, pp. 595-625 ; Richard Cornes and Todd Sandler, *The Theory of Externalities, Public Goods and Club Goods*, 2nd edition, Cambridge University Press, 1996 ; Todd Sandler and Keith Hartley, *The Political

Economy of NATO, Cambridge University Press, 1999 ; Pier Carlo Padoan, "Regional Agreements as Clubs : The European Case," in Edward D. Mansfield and Helen V. Milner, eds., *The Political Economy of Regionalism*, Columbia University Press, 1997, pp. 107-133. 吉田和男『安全保障の経済分析』日本経済新聞社、一九九六年。

（8） Alma-atinskiia deklaratsiia, 〈http : //www. cis/minsk. by/russian/cis_doc3. htm〉.

（9） 乾一宇「CIS統合軍からロシア軍へ」『ロシア研究』第一五号、一九九二年十月、八二―九七ページ。

（10） エゴール・T・ガイダル『ロシアの選択』The Japan Times、一九九八年。

（11） William E. Odom, *The Collapse of the Soviet Military*, Yale University Pres, 1998.

（12） Martha Brill Olcot, Anders Aslund, and Sherman W. Garnett, *Getting It Wrong*, Carnegie Endowment for International Peace, 1999, p. 82.

（13） Mezhgosudarstvennii statisticheskii kommitat, Sodruzhestva nezavisimaykh gosdarstv, *Statisticheskii Ezhegodnik 98g.*, Moskva, 1999.

（14） *Diplomaticheskii vestnik*, nos. 9-10, 1994g., c. 38-39.

（15） Dogovor o sozdanii Ekonomicheskogo Soiuza, 〈http : //www. cis/minsk. by/russian/cis—doc1. htm〉より。

（16） *Diplomaticheskii vestnik*, no. 2, 1995g., c. 47-48.

（17） *Statistika SNG*, 6(237), Mart, 2000g., c. 76.

（18） CIS統合はロシア国内の右派と左派の双方を満足させるシンボルであった。N. Shapiro, "Integratsiia stran SNG :politicheskii i ekonomiko-teoreticheskii aspekt," *Mirovaia ekonomika i mezhdunarodnye otnosheniia*, no. 7, 2000, c. 81-85.

（19） Zbigniew Brzezinski, *The Grand Chessboard*, Basic Books, 1997.

（20） J. L. Black, *Russa Faces NATO Expansion*, Rowman & Littelfield, 2000 ; Kontseptsiia Vheshnei Politiki Rossiiskoi Federatsii 〈http : //www. mid. ru/vpcons. htm〉.

（21） Mezhgosudarstvennii statisticheskii komitat, SNG, *Statisticheskii ezhegodnik 98g.*, Moskva, 1999 ; N. Shumskii,

"Integratsiia v sodruzhestve nezavisimykh gosydarsrv : problemy i perspektivy," *Mirovaia ekonomika i mezhdunarodnye otnosheniia*, no. 11, 1999, c. 72-82.

（22） ＣＩＳ統合の空転を認めつつも，このようなＣＩＳ加盟国間の相互的な関係の進展を重視する見方もある。I. Ivanov, "Blizhnee zarubezh'e — eto deystvitel'no naibolee blizkie Rossii strany," *Mezhdunarodnaia zhizn'*, no. 2, 1999, c. 90-93.

（23） RFE/RL Newsline, vol. 3, no. 1, 22 February 1999.

（24） Stephen Blank, "Instability in the Caucasus : New trends, old traits, part two," *Jane's Intelligence Review*, May 1998, pp. 18-21.

（25） *Moscow News*, no. 20, May 24-30 5, 2000, p. 4 ; *Moscow News*, no. 34, August 30-September 5,2000, p. 3 ; *Nezavisimaia gazeta*, 11 oktiabria 2000g. ; *Nezavisimaia gazeta*, 12 oktiabria 2000g.

（26） *Statistika SNG*, 3(211), Fevral, 1999g., c. 30-33 ; グルジアのデータは，〈http : //www. parliament. ge/GENERAL/popl/pp2. htm〉。

（27） *Moscow News*, no. 19, May 17-23, 2000.

（28） 以下のケーススタディでは，次の文献を参照した。Gary K. Bertsch,, Cassady Craft, Scott A. Jones, and Michael Beck, eds., *Crossroads and Conflict*, Routledge, 2000 ; Dov Lynch, *Russian Peacekeeping Strategies in the CIS*, Macmillan Press, 2000 ; Abraham S. Becker, "Russia and Caspian Oil : Moscow Loses Control," *Post-Soviet Affairs*, vol. 16, no. 2, 2000, pp. 91-132 ; Barnett R. Rubin and Jack Snyder, eds., *Post-Soviet Political Order*, Routledge, 1998 ; Graham Smith, Vivien Law, Andrew Wilson, Annette Bohr, and Edward Allworth, *Nation-building in the Post-Soviet Borderlands*, Cambridge University Press, 1998 ; Leokadia Drobizheva, Rose Gottemoeller, Catherine McArdle Kelleher, and Lee Walker, eds., *Ethnic Conflict in the Post-Soviet World*, M. E. Sharpe, 1996 など。

（29） RFE/RL, Newsline, vol. 1, no. 189, 6 January 1998 ; RFE/RL, Newsline, vol. 2, no. 214, 5 November 1998.

（30） V. Viktor Timoshenko, "Vse bogatye lyudi Ukrainy zarabotali svoi kapitaly na rossisskom gaze," *Nezavisimaia gazeta*, 16 oktiabria 1998 g.

(31) Alexander J. Motyl, *Dilemmas of Independence: Ukraine After Totalitarianism*, Council of Foreign Relations Book, 1993.

(32) *Moscow News*, no. 10, March 18-21, 2000.

(33) Olcot, Aslund, and Garnett, *op. cit.*; Richard Sakwa and Mark Webber, "The Commonwealth of Independent States, 1991-1998: Stagnati on and Survival," *Europe-Asia Studies*, vol. 51, no. 3, 1999, pp. 379-415.

(34) Robert O. Keohane, *After Hegemony*, Princeton University Press, 1984.〔石黒馨・小林誠訳『覇権後の国際政治経済学』晃洋書房、一九九八年〕。

(35) Sakwa and Webber, *op. cit.*, p. 391.

(36) Philip E. Tetlock and Aaron Belkin, eds., *Counterfactual Thought Experiments in World Politics*, Princeton University Press, 1996.

第2章 議会開設をめぐるスコットランド政治

池田 佳隆

はじめに

一九九九年七月一日はスコットランドの人々にとって記念すべき日となった。一七〇七年にイングランドとスコットランドの間で連合条約が締結されて以来、およそ三〇〇年ぶりにスコットランド独自の議会が復活したのである。

スコットランド議会の設置は、従来中央集権的なイメージが強いと言われてきたイギリス[1]の地方制度改革の一環に過ぎないと思われるかもしれないが、その背後には、労働党が中心となって推進しているイギリスの統治システム全体を改革しようとする動きが存在している。さらに、一九八〇年代以降加速し始めたヨーロッパ統合の流れのなかで、国家としての地位を持たない民族がどのような動きを今後見せることになるのかという興味深い問題に対して、スコットランドでの自治導入は一つのモデルを与えてくれる。

本章では、これらの点を念頭に置きながら、議会開設までのイギリスとスコットランドの政治を考察していくことにする。第一節では長い歴史を持つスコットランド自治問題を歴史的に概観する。第二節では一九九七年に行われた議会開設のための住民投票を扱う。第三節では一九九九年に行われたスコットランド議会選挙を扱う。最後に、スコットランドの地方分権が持つ意味について検討する。

一　スコットランドにおける自治の要求

スコットランドはイギリス本島北部に位置し、イギリス全土の三〇％強の領域とおよそ五一〇万人あまりの人口を有する地域である。元来、イングランドとスコットランドは別個の王国であり、十三世紀の末にイングランドによってスコットランドが侵略された後も、ウィリアム・ウォレスやロバート・ブルースらが反抗を続けた。そして十四世紀前半にはスコットランドの独立が宣言され、最初のスコットランド議会が開かれた。その後もスコットランドは十六世紀にフランスと同盟を結んでイングランドとの戦いを繰り広げるなど、両者の関係は総じて敵対的なものであった。

しかし、宗教改革によるフランスの影響力の減少やスコットランド内部での内戦状態などの結果、十七世紀初頭にイングランドとスコットランドの同君連合が成立する。イングランドの女王エリザベス一世の死去によりテューダー朝が途絶え、スコットランドの国王ジェームズ六世がイングランドのジェームズ一世として即位し、両国は同じ人物を国王として戴くことになったのである。(2)さらに、一七〇七年には議会も統合され、ここにグレートブリテンが成立した。スコットランド側におけるこの決定は貴族を中心になされたものであったが、一般民衆の支持は得難く、十八世紀にはジャコバイトによる二度の反乱を生むこととなった。

スコットランドの貴族が連合を受け入れたのは、イングランドとの連合による経済的利益を重視したことが主な理由であった。政治的抑圧や高地地方での貧困問題などの負の側面はもちろん存在したものの、経済的側面から考えれば、その判断は間違いではなかったと言ってよいだろう。大英帝国が発展していくとともに、スコットランド経済も活況を呈していったし、スコットランド人にとってもイギリス全土や広い世界での活躍の機会が与えられたからである。

スコットランドの自治問題が政治の表舞台に登場するのは十九世紀の後半になってからのことである。当時のイギリスではアイルランドの自治問題が政界を二分する大問題であったが、その余波がスコットランドにも及んだのである。実際に、十九世紀の末から二十世紀の初頭にかけて、スコットランドの自治法案が何度も議会で審議されたが、第一次世界大戦の勃発もあり、自治の実現には至らなかった。

図２－１　イギリスの四つの地域

一九三〇年代にはそれまで複数存在していたスコットランドのナショナリストのグループの合同によって、スコットランド民族党（ＳＮＰ）が誕生し、スコットランドの独立を求める運動の担い手とな

った。しかし、しばらくの間SNPはイギリスのみならずスコットランドにおいても泡沫政党的な存在であった。

転機は一九七〇年代に訪れた。当時ヨーロッパの先進国の間で地域ナショナリズムが台頭し、スコットランド独自のアイデンティティに対するスコットランド人の態度にも変化が現れていた。さらに、一九七〇年代初頭の北海油田の発見によって、経済的裏付けがなく、夢物語的な扱いを受けていたスコットランド独立運動がにわかに現実味を帯びたものになってきたのである。戦後の脱植民地化の流れのなかで、大英帝国が凋落し、スコットランドが連合から引き出せる経済的利益に期待が持てなくなったという事情も存在していた。

このような状況下で、スコットランドを重要な票田としていた労働党はスコットランドの自治問題に再び関心を寄せ始め、(3) 一九七四年の二度の総選挙の後、労働党政府は自由党と協力して分権法案を提出し、一九七九年にはスコットランドの分権に関する住民投票が行われた。この投票の結果自体は賛成票が過半数を占めたのであったが、賛成票が有権者の四〇%を超えなければならないという条件が課せられていたために、分権の実現には至らなかった。この後味の悪い結果は、スコットランドのナショナリストの目には「労働党の裏切り」であると映り、根強い不満を燻らせ続けたが、分権推進運動自体は勢いを失い、SNPもしばらくの間党内抗争に苦しむこととなった。

一九七九年から一九九七年までは保守党政権の時代であった。「強いイギリス」の復活をめざすサッチャー政権はスコットランドの自治問題に対して冷淡な態度で臨んだ。人頭税のスコットランドへの試験的導入に代表されるサッチャーの態度が「保守党はイングランドの政党」という認識をスコットランドの人々に浸透させ、一九八〇年代後半にはスコットランドのナショナリズムに再び火をつける結果となった。

一方、SNPも党内抗争を決着させ、「ヨーロッパのなかでの独立」という新たな戦略の下で、スコットランドにおける支持率を伸ばしつつあった。この戦略は、イギリスから独立した後もヨーロッパ統合という枠組みに参加し続けることによって、「独立すると経済的に孤立状態に陥るのではないか」というスコットランド人が広く共有している懸念を和らげようとするものであった。実際にもこの時期あたりから独立を支持するスコットランド人の割合が増加していくようになった(4)。

労働党は基本的にはスコットランドの自治には肯定的な立場であるものの、保守党からの政権の奪還を最優先させ、一九八八年の党大会でも自治問題を取り上げないなど、腰の定まらない態度を取り続けていた。しかし、一九八七年の総選挙で保守党がスコットランドにおける保有議席を二一から一〇にまで減らしたり、人頭税の不払い運動がスコットランド全域に広がったりするなど、保守党（サッチャー）の人気の無さが明らかになるにつれ、スコットランドでの支持基盤を一層強固なものにするために分権に対する積極的な態度を見せるようになる。

こういった個々の政党の動きとは別に、スコットランドへの分権を求める政党横断的な活動も存在していた。古くは一九四〇年代から一九五〇年代にかけて、スコットランド会議という非政党組織が議会の設置を要求していた。一九七九年の住民投票の後には、スコットランド議会キャンペーン（ＣＳＡ）が活動を開始し、ナショナリストにとって厳しい時期に議会開設運動の火を灯し続けた。一九八八年にはＣＳＡが設置した委員会により「スコットランドのための権利の請願」と名付けられた文書が発表された。その内容はスコットランド議会について検討するスコットランドの全政党参加の会議を呼びかけるものであった。保守党とＳＮＰは結局この呼びかけに応えず、労働党と自民党を中心としたスコットランド憲法制定会議（ＳＣＣ）の最初の会合が一九八九年に開かれた。ＳＣＣには両政党以外に労働組合・教会・女性解放運動・少数民族の代表などが参加していた。

以上のような自治要求運動の盛り上がりのなかで、一九九二年にイギリス議会の総選挙が行われた。保守党はすでにサッチャーからメージャーへと指導者を交代させていたが、前任者のような強力なリーダーシップを持ち合わせていないメージャーの下で、保守党の支持率は伸び悩んでいた。事実、さまざまな世論調査の結果、総選挙による保守党から労働党への政権交代の可能性が大きいとの予測がなされていた。この選挙において重要な争点の一つとなったのがスコットランド問題であった。ＳＮＰはこの選挙を「スコットランド独立のための選挙」として位置づけ、スコットランドにおける第一党の地位を狙っていた。分権問題に積極的になっていた労働党は、政権獲得後一年以内にスコットランドに議会を設置することを公約に掲げていた。このような攻勢にさらされた保守党は「連合救済」キャンペーンを打ち出し、スコットランドへの分権を阻止しようと懸命であった。

総選挙の結果は保守党が単独過半数を獲得するという予想外のものであった。しかし、スコットランドに対する自治の要求は一度の総選挙の結果ではかき消せないものにまで成長していたのである。選挙に勝利した保守党は、スコットランドでの自治要求の盛り上がりに対処するために「スコットランドと連合」と名付けられた白書を発表したが、その内容は瑣末な地方自治行政上の権限強化にとどまるものであり、スコットランドからの要望に応えるものではなかった。一方、労働党は党首のキノックが総選挙での敗北の責任をとって辞任し、スミスが後継者となった。一九七〇年代には分権に反対していたキノックとは異なり、スミスはスコットランド出身で、熱心な自治推進派として知られている人物であった。

一九九二年にはスコットランドのエディンバラでＥＣの首脳会合が開かれた。この時の会議で重要な議題となっていたのが補完性原理であった。補完性原理とは権限をできるだけ市民に近いレベルに残し、それではうまく処理できない問題に関する権限のみを上位のレベルに移管させるというもので、国家主権を重視し、ＥＣレベルにできるだけ権限を渡したくないと考えるイギリス政府が特に強硬に主張した原則である。この原則を一国レベルに置き換えると、権限はできるだけ地方レベルに残すべきであるという主張につながる。(5) ＥＣとの関係では補完性原理を振りかざし、国内ではスコットランドに権限を与えようとしないという保守党政府の明らかに一貫しない態度は、スコットランドにおいて強い反発を生み、首脳会議開催中に二万人以上（一説には四万人）が参加する労働組合主導のデモを誘発する結果となった。このデモの参加者たちは「民主主義宣言」を発表し、エディンバラに集まって

いるＥＣの指導者とヨーロッパの人々に対して、スコットランドに民族自決権が与えられていない現状を訴えかけた。(6)

このような盛り上がりのなかで、ＳＣＣは着実にスコットランド議会実現のための具体的な計画を練り上げていた。一九九三年には憲法委員会が設置され、選挙制度に関する議論が進められ、翌年には「さらなる一歩　スコットランド議会の計画に向けて」と名付けられた報告書が発表された。この報告書で提唱された重要なテーマとして、ジェンダーバランス問題・追加議員制度・議席数が挙げられる。ジェンダーバランスについては、スコットランド議会議員の男女比が理想的には一対一になることが期待されていたが、個々の選挙区で男女一名ずつの議席を設けるという急進的な方法は検討の結果否定され、議会開設後五年以内に女性議員の比率が四〇％以上になるように各政党が努力するという目標が定められた。

追加議員制度とは、死票が多く生まれてしまう小選挙区制の弊害を緩和するために、比例代表制を一部使用するものである。問題となったのは、比例代表の選出を小選挙区の結果とは独立して行うか、それとも小選挙区で生まれた歪みを修正するような方法で行うかという点であり、委員会の意向は後者の方法の採用であったものの、最終的な決定は今後に委ねられていた。(7)

議席数に関しては、七二の小選挙区から一名ずつ選び、さらに八つの地域ブロックから五名ずつを比例代表で選出し、合計一一二名の議員によって構成される議会が考えられていた。労働党はこの提言を問題なく受け入れたが、自民党はこの数では獲得票と獲得議席のバランスをとるためには不十分だと考え、地域ブロックの割り当て議席を五から九に増やし、さらにオークニー諸島とシェトランド諸島を分割して各々を独立した小選挙区とすることを要求していた。この場合には総議席数は一四五となる。小選挙区での優位が予想される労働党に対し、地域ブロックでの当選に依拠することになると予想される自民党にとって、地域ブロックへの割り当て議席を増やしておくことは死活問題であった。

この問題は、スコットランド労働党の指導者で、影のスコットランド担当相でもあるロバートソンとスコットランド自民党の指導者のウォレスの間で一九九五年九月に出された共同宣言において決着した。最終案は七三の小選挙区議席と八つの地域ブロックから七名ずつの追加議席による総議席一二九の議会というものであった。(8) 結党以来小選挙区制の壁によって保守党と労働党という二大政党の間に埋もれてきた自民党にとって、比例代表制の導入は悲願であり、地域議会選挙における実現は、国政レベルでの比例代表導入への第一歩として重要な課題であった。スコットランドへの権限委譲問題において常に不可欠のパートナーであった自民党のこの最大の要求に対して、労働党が一定の譲歩をすることはそれほど不思議ではないかもしれない。しかし、特に近年スコットランドにおける高い支持率を得てきた労働党にとって、比例代表制の併用を認めることは、小選挙区制であれば達成が期待できるはずの単独過半数議席獲得の可能性が低くなることを意味しているのである。

それに加えて、追加議員の選出に関しては、結局小選挙区で生じた得票と獲得議席との間の歪みを修正する方式が採用されることになった。具体的には、まず小選挙区の議席を確定させる。その後、地域ブロックで各政党が獲得した票数を、当該地域ブロックでその政党が獲得した議席数（一度目の計算においては小選挙区での獲得議席数）に一を加えた数（獲得議席がゼロの政党もあり得るため）で割り、その商が最も大きい政党に一議席を与える。後はこの操作を地域ブロックの七議席が埋まるまで続けるのである。この方式によれば、小選挙区での獲得議席が多ければ多い（つまり獲得票を割る数が大きい）ほど、追加議員を加えることが困難になる。得票率と獲得議席数ができるだけ比例させることがこの制度の目的であったが、これによって、（労働党も含めて）一つの政党が過半数の議席を獲得することは非常に難しくなったのである。

実は、この決定の背後にはもう一つの課題が存在していた。スコットランドで不人気であったサッチャー政権以後、「イングランドの政党」というレッテルが貼られた保守党はスコットランドにおける支持率を大きく下げ、代わりにSNPが台頭していた。その結果、スコットランドにおいては労働党とSNPの二大政党制とも呼べるような状況が生まれていたのである。つまり、小選挙区制のみの選挙を実施すれば、SNPが単独過半数を獲得する可能性が生じてくるのである。労働党はスコットランドへの権限委譲に積極的であるものの、スコットランドの独立という自体を望んでいるわけでは決してない。しかし、SNPがスコットランドの実権を握った場合には、その公約を考えれば、連合王国の分裂が現実の政治課題として浮かび上がってくることになる。その可能性を潰すために、自らの単独過半数獲得の可能性を捨ててまでも、比例代表制を併用することを労働党は選択したのであった(9)。

一九九五年十月にSCCによって「スコットランドの議会・スコットランドの権利」という報告書が発表され、これが一九九七年の総選挙における労働党と自民党の分権問題に対する基本政策の下地となった。一九九四年に急死したスミスの後を受けて労働党党首に就任したブレアは「イギリスの再生」を目指し、総選挙に臨んだ。

二　議会開設のための住民投票

一九九七年五月の総選挙では事前の予想通り労働党が圧勝し、一九七九年以来の政権の座についた。一方、保守党は分権問題に対して従来の消極的な姿勢を取り続けた結果、スコットランドですべての議席を失うという屈辱的な敗北を被った。労働党のブレアはその若さを前面に押し出し、国有化政策の拠り所となっていた党綱領第四条を改正するなど中道化路線を推進し、新生労働党をイギリス国民に印象づけることに成功していた。党の改革を成し遂げたブレアの次の目標は、イギリスの再生であった。保守党に対して世論調査の支持率で一五—二〇%のリードを持って臨んだ選挙戦で、労働党は大胆な改革案をイギリス国民に提示していた。ヨーロッパ統合に対する積極的な姿勢、世襲貴族の議席が問題となっている貴族院の改革、国政レベルの選挙での比例代表制導入の検討などと並んで、スコットランドとウェールズにおける議会開設も重要な公約であった。そして労働党が勝利したことによって、スコットランドとウェールズでの議会開設の是非を問う住民投票が行われることとなった。

スコットランドにおける住民投票は簡単に決定されたものではなかった。新たに開設されるスコットランド議会には独自の課税権が与えられることになっていたが、保守党がこの点を利用し、「権限委譲が行われれば、増税につながる」というキャンペーンを行っていた。労働党の内部にはこの増税のイメージに対する根強い懸念が存在し、課税権を持つ議会の実現のためにできるだけ多くのハードルを設定しようとする動きが見られたのである。

労働党は住民投票において議会開設の是非を問う設問とともに、課税権の是非を問う設問も挿入するという案を一九九六年六月に発表していた。この場合、第一の設問で賛成が過半数となっても、第二の設問で反対が過半数となれば、独自の課税権を持たない議会が生まれることになり、議会の権限が弱まってしまうことになる。スコットランドの新聞によって「労働党を信頼したすべてのスコットランド人に対する侮辱」と報じられたこの決定は、SCCの他の勢力との協議を経ないままに行われたものであり、労働党に対する不信感を強める結果となった。分権推進派のなかでは、議会開設を公約している労働党の総選挙での勝利のみで正当な委任を受けたと見なすことができ、仮に住民投票を行う場合でも、議会開設の是非のみを問う住民投票を一度行うだけで十分だという声が多かったのである。さらに八月には、スコットランド労働党の指導部が、二つの設問の住民投票に加えて、実際に増税する前に追加の住民投票が必要であるという見解を表明したことが混乱に拍車をかけた。この見解自体は直後にブレアによって否定され、最終的には二つの設問の住民投票を一度だけ行うという案に固まった。

総選挙の結果を受けて労働党政権が発足した後、一九九七年九月にスコットランドとウェールズにおける議会開設の是非を問う住民投票が行われることが決定した。選挙前の労働党の影のスコットランド担当相はロバートソンであったが、分権問題に関する労働党の求心力を取り戻すために、ブレアは一連の労働党の政策転換に直接の関わりを持たなかったデュワーを新たにスコットランド担当相に任命した。(10) ロバートソンは、特にSNPによって、「ブレアの操り人形」であると攻撃されていたという事情があった。一方のデュワーは、一九六〇年代に労働党がスコットランドへの権限委譲に積極的でなかったころからの一貫した分権推進派であることが知られていた。

住民投票のために「イエス・イエス・キャンペーン」が繰り広げられることになった。このキャンペーンはその名が示す通り、議会開設の是非と課税権の是非を問う二つの設問のどちらにも賛成票を投じることを訴えかけるものであった。そしてイエス・イエス・キャンペーンの活動母体として、スコットランド労働組合会議（STUC）がスポンサーとなり、「議会のためのパートナーシップ」（一般には「スコットランド・フォワード」として知られるようになる）と名付けられた組織が結成され、議会開設に賛成している諸政党に対して参加の呼びかけを行った。スコットランドのメディアも、ごく一部を除いて、イエスイエスキャンペーン支持の論陣を張ることとなった。もちろん、スコットランド・フォワードの中心となっていたのは労働党であったが、自民党とSNPの参加も期待されていた。しかし、両党の参加はなんの問題もなく決まったものではなかった。

自民党はSCCにおいて労働党のパートナーであり、権限委譲に対しても労働党以上に積極的な姿勢をとっていた。しかし、自民党の考えでは、総選挙において議会開設を公約とする政党のスコットランドにおける得票率が十分なものであれば、住民投票は不要であるとされていた。このような立場の自民党にとって、一九九六年半ばの労働党の住民投票に関する迷走は、労働党に対する信頼を揺るがすものであった。さらに、党の基本政策として教育問題を重視する自民党は、スコットランド教育の充実のためには増税も厭わないという立場をとっており、その財源としての独自の課税権を確実なものにするために、課税権の是非を問う二番目に設問の導入には反対であった。

他方、伝統的に福祉政策を推進し、「大きな政府と重税の党」というイメージがある労働党は、少しでもこのイメージをうち消すために、独自の課税権はスコットランド住民自身の選択であるという形をとることに固執していた。このような摩擦はあったものの、スコットランド議会の開設という共通の目的のために、自民党はスコットランドフォワードへの参加を決め、イエス・イエス・キャンペーンの一翼を担うこととなった。

SNPの場合には、参加の決定は自民党ほど簡単なものではなかった。もともとSNPが求めているのはスコットランドへの権限委譲ではなく、イギリスからの分離独立である。そして、権限委譲の捉え方に関して、党内には対立する見解が存在していた。穏健派は漸進主義の立場から、独自の議会の開設は独立への一歩であるという認識を持っていた。権限委譲により、スコットランドの生活が改善されれば、スコットランド人は自らの統治能力に自信を持ち、独立に対する不安を解消することになるという期待があったのである。他方で、強硬派によれば、権限委譲は「ブレアの策略・労働党の罠」であり、「八百長住民投票」によって「傀儡議会」が生まれるにすぎないと考えられていた[11]。強硬派の批判は住民投票の設問にも向けられていた。九月の住民投票で問われるのは権限委譲の是非であるが、現状維持か権限委譲かという二者択一でなく、独立という選択肢も加えられるべきだというのが彼らの主張であった。SNPのSCC不参加という決定には、このような強硬派の立場が反映されていたのである。

しかしながら、穏健派の立場をとっていたSNP党首のサーモンドは、七月に公表された政府による「スコットランド議会」白書の支持を表明し、党内の取りまとめに指導力を発揮した。その結果、SNPもイエス・イエス・キャンペーンを推進することが決まった。

三つの政党を中心とした自治推進派の動きに対して、反対のキャンペーンを張ったのが保守党である。保守党の基本的な認識は、スコットランド議会の開設は独立運動を勢いづかせ、最悪の場合には連合王国の解体にまでつながる危険があるというものであった。昔日の大英帝国の栄光を失い、ヨーロッパ統合の流れのなかでも本流からはずれているイギリスにとって、スコットランドを失うことは国際社会におけるイギリスの発言力のさらなる低下をもたらすことが懸念されていたのである。

ただし、反対陣営も決して一枚岩ではなかった。そのなかでも主力となっていたのは、二つの設問の双方について賛成を主張するイエス・イエス・キャンペーンに対して、二つの設問について反対を主張するノー・ノー・キャンペーンであり、保守党の公式の立場であった。住民投票直前には元首相のサッチャーが『スコッツマン』紙に寄稿し、分権反対の論陣を張った。サッチャーの主張する分権のデメリットは次のようなものであった。第一に、カナダのケベック州の例を引き合いにして、直接選挙の地域議会の存在は地域ナショナリズムの尖鋭化をもたらし、連合王国の解体につながる危険性がある。第二に、新たなレベルの議会の創設は過剰な規制や課税につながり、投資家がスコットランドを避けるようになる。第三に、スコットランド議会が開設されれば、ウェストミンスターにおいて、スコットランドに対する手厚い公共支出を見直す動きが出る。このような脅しともとれるサッチャーの言説に対し、『デイリーレコード』紙がサッチャーのグラスゴー訪問を伝える記事のなかで、「賛成票を投じる理由がまだ足りないというのなら、ここにそれがある」と報じるなど、スコットランド人の反感を煽る結果となった(12)。

その他に、数の上では少数であったが、権限委議には反対ではあるものの、現実問題としては議会開設が避けられない以上、スコットランド議会は財政的責任を負うべきであると主張する勢力も存在した。つまり、議会開設の是非を問う第一の設問には反対票を投じるが、課税権の是非を問う第二の設問に対しては賛成票を投じるという立場である。

さらに、議会開設には賛成であるが、増税につながる可能性の高い課税権の付与には反対であるという立場も存在していた。議会開設反対キャンペーンの基盤が保守党であるのに対し、イエス・ノーという態度をとっていたのは主にスコットランドの経済界であった。一九七九年に行われた議会開設の是非を問う住民投票において、賛成票が議会開設に必要であった有権者の四〇％に届かなかった一番の要因として、分権後のスコットランド経済の悪化に対するおそれが挙げられていた。[13] 今回の分権への動きに対しても、スコットランドの経済界は一九七九年ほどではないものの、懐疑的な態度をとってきた。例えば、一九九一年に行われたスコットランド経済界の意識調査において、課税権なしの議会開設に対する支持が二六%、課税権を備えた議会開設に対する支持が一〇%であったのに対し、現状維持に対する支持は過半数の五四%にのぼっていた。

一九九五年にスコットランド商工会議所によって会員に対して行われた調査の結果は以下のようなものである。分権によってスコットランド経済がどう変化するかという設問に対して、中央集権の是正によって経済が良くなる、もしくは変化なしと回答した会員の割合は八八%に達しており、分権という大枠に対する支持は得られていると考えられる。課税権を持たない議会開設の場合には、経済が良くなる、もしくは変化なしという回答の割合は六五%、経済が悪化するという回答の割合は三五%であった。一方、課税権を持つ議会開設の場合には、経済が良くなる、もしくは変化なしという回答の割合は三一%、経済が悪化するという回答の割合は六九%であった。この数字からも見て取れるように、課税権に対する拒否反応がスコットランドの経済界には存在していたのである。[14] その後も、スコットランド銀行の総裁やイギリス産業連盟のスコットランド支部が課税権に対する懸念を表明するなど、スコットランド経済界はイエス・イエス・キャンペーンとは一線を画する態度を取り続けたが、一九七九年の住民投票の時のように積極的な分権反対キャンペーンを行うことはなかった。

一方、スコットランドの住民の態度はどのようなものであったのだろうか。一九九七年六月から九月にかけて行われた種々の世論調査の結果では、議会開設賛成派が六〇—六八%、反対派が一九—二五%、課税権賛成派が四五—五六%、反対派が二六—四〇%という数字が出されていた。つまり、議会開設が支持されることは間違いないものの、課税権の付与に関しては、投票日が近づくにつれて反対の割合が高くなっていたこともあり、否決される可能性も消えてはいなかった。

このような状況下で一九九七年九月にスコットランドでの住民投票が行われた。投票率は六〇%とそれほど高くなかったものの、議会開設に対する賛成票が七四%、課税権に対する賛成票が六三%と、いずれも過半数を優に上回る結果となった。特に、議会開設に関してはスコットランドのすべての地域で賛成が過半数に達していた。一方、課税権に関しては、オークニー諸島とダンフリース&ギャロウェイという二つの地域で反対票が賛成票をわずかに上回った。(15)

三　スコットランド議会選挙

住民投票の結果によって開設が決まったスコットランド議会の権限はどのようなものなのだろうか。世界各国の連邦制では、中央政府と地方政府の間の権限配分に関してさまざまな形態が存在している。例えばアメリカの場合には、連邦政府の権限のみを列挙し、それ以外の権限は州が保持するという制度が採られている。一方、連邦と州の権限を明記した上で、残余権は連邦に属するカナダのような国もある。イギリスとスコットランドの場合には、「イギリス議会に残される権限が列挙されている」と表現されることが多く、アメリカの場合のように地方の権限が強いという印象を抱きがちである。(16)しかし、実際にはどの権限を委譲するかが(例えば異種臓器移植や代理出産に関するものなど)非常に細かい点まで規定されており、必ずしも強い地方政府が実現するわけではない。(17)

ここで注意すべきは、スコットランド議会の改廃の権限がイギリス議会に属しているという事実である。この点で、スコットランドへの権限委譲は、地方政府の地位と権限が憲法上保証されている連邦制とは決定的に異なる。将来、イギリスの総選挙においてスコットランド議会の廃止を求める政党が過半数を制した場合には、少なくとも制度上は、議会が廃止される可能性を否定できないのである。(18)この点に関しては、SCCが議会開設以前から問題にしており、スコットランド住民の同意なしには廃止は許されるべきではないという立場を表明している。議会開設自体が、労働党の総選挙における勝利ではなく、スコットランドにおける住民投票によって決定された以上、同様の手続きを踏まずにイギリス議会が一方的にスコットランド議会を廃止することは現実問題としては考え難いと言ってよいだろう。

今回の権限委譲に際して取り決められたイギリス議会とスコットランド議会の間の権限分割は以下のようなものである。まず、憲法に関するものとしては、連合王国・王室・イギリス議会・高等法院といったイギリス国家の中枢に関する権限は中央に残された。分権問題に関して重要なのは、連合王国の枠組みに関する権限である。つまり、スコットランド議会は、たとえ独立賛成派が圧倒的多数を獲得した場合でも、スコットランドの独立（つまりは連合王国の解体）を一方的に決定する権限を持たないのである。

次に、外交・防衛関係に関しては、外国・ＥＵ・国際機関との交渉、国際貿易の規制、国際開発援助、領土の防衛、陸海軍と予備役など、主要な権限がすべて中央に残されている。ＥＵとの関係が中央の管轄であるという事実は、スコットランドが直接ＥＵと交渉できず、あくまでイギリス政府の一員として活動しなければならないことを意味している。

経済関係に関しては、中央政府の財政やマクロ経済政策全般に関わる権限が中央に残された。ただし、スコットランド議会は住民投票の第二の設問を通じて、スコットランドの所得税率を上下三％の範囲内でイギリスの基本税率から変更できることになった(19)。その他、社会保障、マスメディアの規制、石油・ガスの管理などが中央に残された。

一方、地方に移管される主なものとして、教育、健康、地方行政、運輸、環境、農業、水産業、林業、スポーツ、文化、地域政策などが挙げられる(20)。つまり、外交・防衛・経済運営・国体保持・社会保障などは中央議会が保持し、それ以外の住民生活に密着した事柄に関する権限は地方議会に移管されるという権限配分の形をとることとなったのである。

ここで注意すべきは、上位政府としてのEUの存在である。現在のヨーロッパ統合の流れとして、市場統合に加えて、共通外交安全保障政策・社会憲章の下での社会政策の収斂・共通通貨ユーロの導入後のヨーロッパ中央銀行による経済管理などを強化する方向に進んでいる。多くの権限がスコットランド議会に移管される一方で、従来は国家主権と密接に結びついていると考えられてきたこれらの権限がEUレベルに任されるようになれば、イギリス議会に固有の権限として、国体の保持に関するものしか残されていないという状況が生じることが考えられる(21)。イングランドやウェールズにおいてもスコットランドと同等の権限委譲が行われていない現在では、このような状況は理論上のものにすぎないが、ヨーロッパ統合と地域の活性化が同時進行しているヨーロッパにおいて、多くのEU加盟国がいずれ直面することになる重大な問題であると言えるだろう。

このような権限を持つスコットランド議会のための選挙が一九九九年五月に行われることが決定し、各政党も選挙キャンペーンに突入した。イエス・イエス・キャンペーンでは団結していた労働党・SNP・自民党もこれ以降はライバルとなり、それぞれの政党の特色を打ち出していくこととなった。

イエス・イエス・キャンペーンにおいてSNPは他党への配慮から独立路線を棚上げしていたが、スコットランド議会選挙キャンペーンでは再び単なる権限委譲に対する不満を表明するようになった。例えば、イギリスの高金利政策によるポンド高はイングランド経済の実態に合わせたものであり、スコットランド経済の実状を考慮していないと批判されていた。さらに、ユーロ（欧州単一通貨）を導入しないというイギリス政府の決定がスコットランドへの投資やスコットランドの主要産業の一つである観光業に悪影響を及ぼしていることも指摘されていた。先に述べたように、SNPは「ヨーロッパのなかでの独立」という戦略をとっており、独立を果たした後には積極的にヨーロッパ統合に参加するという方針を明確にしている。議会選挙直前に出されたSNPによる独立のための経済計画においても、二〇〇三年までにユーロを導入することが提唱されている。その他にも、狂牛病問題に端を発するイギリス産の骨付き牛肉の禁輸政策に関しても、牧草を主食としているスコットランド産肉牛には狂牛病感染のおそれが少ないにもかかわらず、イギリス国家という枠組みが存在するために、スコットランドの牧畜業までが苦況に陥っていることに対する不満が増大している。(22)

独立後のスコットランド経済の見通しについても、SNPは強気の見解を表明し続けている。その自信を支えているのは北海油田の存在であり、その利益を独立によって自分達のものにできれば、スコットランドは世界でも有数の豊かな国になることができると主張されている。(23) さらに、近年のアイルランドの好況もスコットランド独立への願いを助長している。アイルランドは一九九〇年代後半の平均実質経済成長率が九%に達し、国民一人当たりの国内総生産もEU諸国でトップクラスに位置しているが、このアイルランドへの投資を促している要因の一つが、ユーロ圏で唯一英語が公用語であるという事実である。アイルランドよりもヨーロッパ大陸に近い位置にあるスコットランドが独立後に同様の恩恵をこうむることを期待しても、それを単なる夢物語として切り捨てることはできないだろう。

さらに、SNPは防衛問題に関しても独自路線を打ち出している。党の防衛問題担当者が「トライデント(弾道ミサイル潜水艦)の廃棄はスコットランドの人々の願い」であると述べているように、SNPはスコットランドに配置されている核兵器の撤廃を長年にわたって求め続けている。(24) それに加えて、SNPはスコットランドからの米軍基地の撤退も要求している。

以上のようなスコットランド独自の要求を実現させるためには、単なる権限委譲では不十分であり、連合王国からの分離独立が必要だというのがSNPの主張である。このような立場から、SNPは選挙戦において主なライバルとなる労働党に対する批判を集中的に展開していた。それは、保守党はもちろんのこと、労働党も基本的にはイングランド中心の政党であり、スコットランドの利益を第一に考えることはないという主張であった。スコットランドの自民党の指導者であるウォレスも労働党を「ロンドンの笛に合わせて踊る政党」と呼び、同様の見解を表明していた[25]。住民投票の実施をめぐる労働党の混乱については先にも述べたが、この過程において、労働党内部の中央とスコットランドの間の政策の食い違いが露呈し、結局は中央の指示にスコットランドの労働党が従う形になったことも、このイメージを強める結果となった。

一方、労働党もＳＮＰの政権担当能力に対する疑念を前面に押し出した批判を行っていた。特に、スコットランドが独立した場合のＳＮＰの楽観的な経済見通しには厳しい批判が集中した。例えば、スコットランドが独立した場合には、独自の社会保障システム・陸海空軍・大使館と領事館などが必要となるが、そのためのコストをＳＮＰは明示していないとブラウン蔵相が指摘していた。保守党もスコットランドが独立すれば巨額の財政赤字に直面することになると主張していたし、自民党も増税の際の徴税のコストを考慮に入れていないＳＮＰの経済計画に批判的であった。こういった経済面での各党からの批判に対して、ＳＮＰは独立直後のスコットランドが財政赤字に直面することは認めたものの、これは連合王国の赤字を応分に分割して負担しなければならないためであり、短期間の内に克服可能であると反論していた[26]。

一九九七年九月の住民投票によって議会開設が決定してから一九九九年五月のスコットランド議会選挙までに、各政党の支持率はどのように変化したのだろうか。保守党と自民党に関してはそれほど大きな変化は見られず、民間調査会社システムスリーの継続的な調査では、双方の支持率は八―一三％の間で推移していた。一方、スコットランドにおける二大政党状況を形成していた労働党とＳＮＰの支持率は激しく変化していた。一九九七年十一月には労働党の支持率が四八％、ＳＮＰが二九％であり、一九九八年二月には労働党が四四％、ＳＮＰが三三％と、労働党が明らかに優勢であった。ところが、一九九八年四月の調査では労働党・SNPともに四〇%と横並びになり、五月から八月にかけては労働党が三〇%台後半の支持率であったのに対し、SNPの支持率は四〇%を大きく超えるものになっていた。特に、七月には労働党三四%に対しSNPが四八%と、完全にSNPが優位に立っていた。時を同じくして、独立に対する支持も記録的な数字を示していた。一九九八年六・七月に民間調査会社ICMによって行われた調査において、「独立のための住民投票が行われた場合、賛成票を投じるか」という設問に対して、それぞれ五二%、五六%の回答者がイエスと答えていた。

このような流れの背後には、SNPの指導者であるサーモンドの個人的な人気の高まりが存在していた[(27)]。一方、労働党に対する逆風としては、スコットランド中央部における労働党の相次ぐスキャンダルの影響があったと考えられる。それに加えて、以前に影のスコットランド担当相である労働党のロバートソンが、スコットランド議会開設後もウェストミンスター議会におけるスコットランド選出議員を削減しないという言質を与えていたにもかかわらず、労働党の方針として削減する見通しが語られるようになっていたことが、「ロンドンに従属しているスコットランド労働党」というイメージを増強していた事情も存在していた[(28)]。

その後、一九九八年九月から一九九九年三月までは、労働党が三八―四一%、SNPが三七―三九%と、ほぼ互角の数字を記録していた。ところが、一九九九年四月の調査では、労働党の支持率が四六%に伸びたのに対し、SNPの支持率は二六%にまで急落していた。この数字は、労働党がスコットランド議会において単独過半数を制する可能性すら感じさせるものであった。このような激変の背後にはなにがあったのだろうか。SNPの自己分析によれば、四つの要因が挙げられている。まず、一九八〇年代後半以降SNPを悩ませ続けている独立強硬派と漸進主義派の間の内部対立がある。強硬派ができる限り早い時期の独立のために住民投票を求めていたのに対し、穏健派は独立という極端な政策を選挙キャンペーンにおいてできるだけ前面に出さないようにする傾向が見られた。党の存在意義そのものとも言える政策に対するこの曖昧な態度は、他の政党にとっては恰好の批判の的となり、集中的な攻撃を浴びていたのである。次に、SNPは党の基本政策として将来的には王政の廃止を標榜していたが、この急進的な政策がマイナスに作用した可能性があると考えられている。さらに、労働党が所得税の基本税率を現行の二三％から二二％へと下げることを公約していたのに対し、SNPは二三％のままに据え置くことを公約し、「スコットランドのために一ペニーを」というキャンペーンを展開していた。このことによる増税のイメージが経済問題に敏感な有権者に嫌われたのである。

ただし、これらの要因は支持率の急激な低下を説明できるものではない。突発的な第四の要因として、一九九九年三月下旬に開始されたNATO軍によるユーゴ空爆に対するサーモンドの発言が挙げられる。サーモンドはこの行動を「許し難い愚行」と批判したのであったが、セルビア人政府がインターネット上の公式サイトにおいてサーモンドの発言を「ブレアに対する大きな政治的打撃」「ヒトラーによるロンドン爆撃になぞらえた」と紹介し、国際的に非難を浴びている勢力を利する形となったSNPは苦境に陥ったのであった(29)。サーモンドは、これはモラルの問題であり、人道的悲劇を政治的に利用すべきでないとして労働党政府外相のクックの批判をかわそうとしたが、欧米諸国が結束して行っている行動に異を唱えたことにより、SNPがイギリス政治のなかで依然としてエキセントリックな存在であるというイメージを有権者に植えつける結果となったことは否めない。

一九九九年五月に行われたスコットランド議会選挙は、事前の予想通り労働党の勝利という結果に終わった。投票日の天候は激しい雨であったという事情もあり、投票率は五九％とかなり低い水準にとどまった。この選挙においては有権者は小選挙区と比例代表という二つの投票を行ったが、小選挙区分に関する各政党の得票率は、労働党三八・八％、SNP二八・七％、保守党一五・六％、自民党一四・二％であり、比例代表分に関しては、労働党三三・六％、SNP二七・三％、保守党一五・四％、自民党一二・四％であった。獲得議席は、労働党が五六（追加議員三）議席、SNPが三五（追加議員二八）議席、保守党が一八（すべてが追加議員）議席、自民党一七（追加議員五）議席、その他三議席であった。

その後の協議で、労働党と自民党の間で連立が成立し、労働党のデュワーがスコットランド自治政府首相に就任し、行政府を組織した。[30] 自民党には二つの閣僚ポストが与えられた。[31] そして、一九九九年七月に、エリザベス女王やチャールズ皇太子も臨席するなかで（ブレア首相は欠席）、およそ三〇〇年の時を経てスコットランド議会の復活が盛大に祝福されたのであった。

おわりに

スコットランド議会の開設は今後のスコットランドとイギリスの政治にどのような影響を与えることになるのだろうか。主な論点として、イギリスの選挙制度における比例代表制導入の問題、イギリスの連邦化の問題、スコットランド独立の問題が挙げられる。

まず、比例代表制導入に関してであるが、今回の選挙で労働党は小選挙区での三九％弱の得票率で七〇％以上の議席を獲得した。しかし、小選挙区における当選議員が多ければ多いほど比例代表では不利になる仕組みの追加議員制度を併用したことにより、最終的には全体の四三％の議席を得たにとどまった。一方、小選挙区で惨敗した他の政党は、追加議員を多数当選させることによって、労働党の単独過半数獲得という状況を阻止することができた。このような、民意をより正確に反映した構成の議会を形成したいという要望がイギリス議会に関して生じてもなんの不思議もない。実際に、イギリスの変革を目指すブレアの政策のなかに、イギリス議会選挙において比例代表制を一部導入する選挙制度改革も含まれているのである。[32] 選挙制度改革の内容次第では、保守党と労働党の政権交代を繰り返してきた戦後のイギリス政治も少なからず変化することになるだろう。

次に連邦制導入の問題であるが、スコットランド議会の設置に関して、保守党からウェストロージアン問題と呼ばれる批判が出されている。これは一九七〇年代半ばにウェストロージアン選挙区選出の保守党議員によって最初に指摘されたものである。その内容は、権限委譲により、スコットランドに関するほとんどの立法権限はスコットランド議会に移管され、イングランド選出の議員は政策決定に関与することができなくなる一方で、イングランドに関する立法は引き続きウェストミンスター議会で議論されるため、スコットランド選出のウェストミンスター議会議員には従来通り関与する余地が残されているという制度的不平等を批判するものである。この問題に対する直接的な解決策は、北アイルランド、ウェールズ、スコットランドと同様に、イングランドにも地域議会を設置することである。実際に、イングランドの人々の意向次第では地域議会開設の是非を問う住民投票を行う用意があることを労働党政府は表明している[33]。ただし、ここで障害となるのは、イングランドにおいて地域議会と地域政府に対する要求がそれほど強くないという事実である。スコットランド議会選挙時に行われた世論調査によれば、イングランド議会の創設に賛成するという回答はわずか一七％であった[34]。

さらに、イングランドにも議会が設置され、イギリスが連邦制に移行した場合でも問題がないわけではない。イングランドの人口はイギリスの全人口の八割以上を占めており、連邦システムのなかでイングランドの存在感が大きくなりすぎるのである。もちろん、アメリカの例を見れば分かるように、連邦制において連邦構成単位の大きさが均等でなければならないわけではないが、イギリスの場合の問題は、地域の数がわずか四つしかなく、そのうちの一つが圧倒的に大きいという点にある。例えば、労働党の中央政府と保守党のイングランド地方政府の併存はかなり高い可能性で実現すると思われるが、このような状況は中央と地方の間に強い軋轢を生み出し、イギリス政治全体を不安定なものにすることが懸念される[35]。

最後に、スコットランド議会の開設は連合王国の将来にどのような影響を及ぼすのであろうか。スコットランドへの権限委譲がスコットランドの独立運動に及ぼす影響については、先にも述べたが、相反する二つの立場が存在する。一つは、教育や文化など生活に密着した権限を手に入れたスコットランドの人々がそれに満足することによって、独立を求める声が弱まるという考え方であり、労働党はこの立場をとっている。実際にも、スペインのカタロニアなどでは、大幅な自治権が与えられることによって、独立運動が下火になった事実がある。それとは反対に、権限委譲によって独立への動きは加速されるという考え方も存在する。この立場によれば、議会がうまく機能した場合には、自らの運営能力に自信を深めることとなるスコットランドの人々が、さらなる権限の獲得を求めて独立を目指すようになると考えられている。一方、議会がうまく機能しない場合には、限定的な権限委譲が原因であり、独立によってすべての権限を手に入れない限りはスコットランドの人々の生活の改善はありえないという声が強まると考えられている。保守党はこの立場から議会開設に反対し、SNPは同じ立場から賛成にまわったのである。

スコットランド議会は機能し始めたばかりであり、スコットランドのナショナリズムの行方を予想することは難しいが、SNPは今後も労働党のロンドンとエディンバラの指導部の対立を政治的に利用し続けるであろう。近年、SNPと労働党の支持集団の特徴が同じようなものになってきたという指摘がある。[36] そのため、労働党はイングランド重視の政党であり、スコットランドの利益はSNPでなければ実現できないというイメージが有権者の間に広がれば、労働党からSNPへの支持者の移動が起きやすい状況が生まれているのである。その意味で、労働党主導のスコットランド自治政府は微妙な舵取りを強いられることになるだろう。

注

（1） 日本におけるイギリスという呼称はイングリッシュを指すポルトガル語もしくはオランダ語から生じたと言われてお

り、「グレートブリテンおよび北アイルランド連合王国」全体を表す言葉としては本来不適切なものであるが、本章でも慣例に従って使用する。

（2）このため、「現在のイギリスの元首である女王エリザベス二世はイングランドの女王としてはエリザベスという名を持つ二人目の人物だが、連合王国の女王としては他にその名を持つ人物がいないので、エリザベス「一世」と名のるべきだ」という内容の訴訟がエリザベス二世の即位後間もなくスコットランドのナショナリストによって起こされている。角田猛之『法文化の諸相――スコットランドと日本の法文化――』晃洋書房、一九九七年、五七―七〇ページ。

（3）労働党は一九二〇年代に自治導入キャンペーンを行うなど、分権に積極的であったが、戦後は経済の回復とイギリス全体の社会計画によるイギリス国内の南北格差の是正を重視するようになり、一九五〇年代末には自治導入に対して消極的姿勢に転換していた。

（4）このあたりの事情については、池田佳隆「ヨーロッパの中での独立――ヨーロッパ統合とスコットランド・ナショナリズム――」木村雅昭・廣岡正久編著『国家と民族を問いなおす』ミネルヴァ書房、一九九九年を参照。

（5）Graham Leicester, "Devolution and Europe : Britain's Double Constitutional Problem," *Regional & Federal Studies*, vol. 8, no. 1, spring 1998, p. 12.

（6）一九九二年の総選挙でスコットランドの投票者の七五％が議会開設を支持している政党のいずれかを支持していたにもかかわらず、わずか二五％の得票率しか獲得していない保守党が議会開設を阻んでいる状況は民主主義の原則に反するものであるというのが彼らの主張である。Paul H. Scott, *Scotland : An Unwon Cause*, Canongate, 1997, pp. 189–190.

（7）James Mitchell, *Strategies for Self-government*, Polygon, 1996, p. 289.

（8）このあたりの事情に関しては、Kenyon Wright, *The People Say Yes : The Making of Scotland's Parliament*, Argyll Publishing, 1997 を参照。

（9）Brian Taylor, *The Scottish Parliament*, Polygon, 1999, p. 175.

（10）David McCrone and Bethan Lewis, "The Scottish and Welsh Referendum Campaign," in Bridget Taylor and

Katarina Thomson eds., *Scotland and Wales : Nations Again ?*, University of Wales Press, 1999, p. 22.

（11） Peter Jones, "A Start to a New Song : The 1997 Devolution Campaign," *Scottish Affairs*, no. 21, autumn 1997, p. 3.

（12） Lindsey Paterson, *A Diverse Assembly*, Edinburgh University Press, 1998, pp. 299-301.

（13） D. N. McIver, "The Paradox of Nationalism in Scotland," in C. H. Williams, ed., *National Separatism*, University of Wales Press, 1982, p. 125.

（14） 分権問題に対するスコットランド経済界の対応に関しては、Peter Lynch, "The Scottish Business Community and Devolution," *Regional & Federal Studies*, vol. 8, no. 1, spring 1998 を参照。ちなみに、独立の場合には、経済が良くなる、もしくは変化なしという回答の割合は二六%、経済が悪化するという回答の割合は七四%であった。

（15） 一九九七年のスコットランドでの住民投票の分析に関しては、Paula Surridge and David McCrone, "The 1997 Scottish Referendum Vote," in Taylor, Bridget and Thomson, Katarina, eds., *Scotland and Wales : Nations Again ?*, University of Wales Press, 1999 と Charles Pattie *et al.*, "The 1997 Referendum : An Analysis of the Results," *Scottish Affairs*, no. 22, winter 1998 を参照。

（16） 例えば、"Launching Devolution," *Economist*, July 26th, 1997 や Jean McFadden and Mark Lazarowicz, *The Scottish Parliament : An Introduction*, T&C Clark, 1999, pp. 5-15 などを参照。

（17） 連邦制における権限分割の方法は、岩崎美紀子『分権と連邦制』ぎょうせい、一九九八年、第三部第二章において整理されている。

（18） 実際にも、一九九七年二月に当時の保守党政府の閣僚の一人がそのような発言を行っている。David Heald, Neal Geaughan and Colin Robb, "Financial Arrangements for UK Devolution," *Regional & Federal Studies*, vol. 8, no. 1, spring 1998, p. 25.

（19） 実際に変更されるのは三段階の累進課税制度の中間層の分である。この点に関しては、島袋純「英連合王国の憲政改革とスコットランド新議会総選挙」『自治総研』一九九九年七月、四五ページを参照。

（20）このあたりの詳細に関しては、例えば、McFadden and Lazarowicz, *op. cit.*, pp. 9-15を参照。
（21）Peter Lynch, *Minority Nationalism & European Integration*, University of Wales Press, 1996, p. 14.
（22）議会開設後も、政府の設定した高率の燃料税のために、北海油田を擁するスコットランドよりも「オリーブオイルしか生産していないギリシャ」のガソリンの方が低価格である現状に対する不満がSNPによって表明されている。*SNP News Release*. 30/09/1999. 〈http://www.snp.org.uk/〉
（23）*SNP News Release*, 08/04/1999.
（24）*SNP News Release*, 08/01/1999.
（25）*BBC News*, 05/04/1999. 〈http://news.bbc.co.uk/〉
（26）The Scotsman, 30/04/1999. 〈http://www.scotsman.com/〉
（27）例えば、議会選挙後に選出されるスコットランド自治政府首相の候補者の支持率として、労働党のデュワーの三七％に対して、サーモンドは四二％を獲得していた。テレビを通じて行われた別の投票では、デュワーの一八％に対して、サーモンド八二％という極端な数字まで記録されている（ただし、後の数字は世論調査のような厳密なものではない）。デュワーの不人気の理由の一つとして、SNPの熱心な支持者であり、著名な俳優であるショーン・コネリーに「サー」の称号を与えることを彼が阻んでいたという事実もある。*SNP News Release*, 02/07/1998 and 02/08/1999.
（28）*SNP News Release*, 13/07/1998.
（29）*Daily Record*, 02/04/1999. 〈http://www.record-mail.co.uk/〉
（30）英語では first minister であり、例えば連邦制を採用しているカナダでは「州首相」と訳されているが、スコットランドは州ではないため、ここでは自治政府首相と訳した（デュワーは二〇〇〇年十月十一日に急死）。なお、議会選挙前後の状況を執筆するに当たって、京都大学の秋月謙吾教授が現地で収集された資料を利用させていただいた。ここに記して謝意を表したい。
（31）党の前身である自民党と社会民主党の連合以来、かなりの得票率を獲得しながら、小選挙区制度の壁に阻まれて、イギリス政治において重要な役割を果たすことができなかった自民党にとっては大きな一歩であったと言えるだろう。

（32）現時点で改革案には、小選挙区において有権者の各候補者に対する優先順位を考慮に入れる選択投票制を導入する案と、小選挙区制に加えてスコットランド議会選挙のように追加議員を選出する案が検討されている。

（33）*The Scotsman*, 26/05/1999.

（34）*BBC News*, 06/05/1999.

（35）Taylor, *op. cit.*, p. 257.

（36）Mitchell, *op. cit.*, p. 291.

【付記】 本章は平成十一・十二年度科学研究費補助金奨励研究（A）（2）の研究成果の一部である。

第3章

コルシカの地域主義

山本周次

一　地域主義の勃興

地域主義と国民国家

最近、世界各地で地域主義の運動が活発化している。本章ではそのなかから特にコルシカの地域主義を取り上げて、その歴史と論理を考察してみたい。ところで、地域主義という言葉は一般に二通りの意味で使われている。第一は国際関係の用語で、地理的に隣接した国家間の協調を指す場合であり、これは地域統合とも呼ばれる。EUやASEAN、NAFTA、APECといったものは、すべてこれにあたる。これに対して、国家内部での特定の地域の独自性の主張を地域主義と呼ぶ場合がある。本章で用いる地域主義はこの第二の用法である(1)。このように、この二つは本来別の意味を持つが、その間にまったく共通点がないわけではない。むしろその二つは、旧来の国民国家を内と外から、解体とまではいかなくとも引っ張る、という点で共通性を持つのである。すなわち、近代国家としての国民国家の弱体化という現象が、この二つの背後に存在するのである。

冷戦の終焉

今日の地域主義の活発化に最も大きな影響を与えたのは、いわゆる冷戦の終焉である。一九八九年十一月のベルリンの壁の「崩壊」と一九九一年十二月のソ連消滅とに伴う東西冷戦の終焉は、それまでの国際政治の枠組みを大きく変化させた。終焉直後は、国際政治学者や国際法学者のなかには、これで世界は平和に向かうだろうと期待する人がかなりいたことは確かである。しかし、実際には、それまでの両大国の軍事的対峙に代わって登場したのは、各地での地域紛争の多発であった。要するに、それまでのような米ソの軍事的重石が効かなくなってしまったのである。

例えば、旧ユーゴやキルギスの場合は、こういう種類の典型的な紛争である。東ティモールの場合は、表面的に見れば、長期のスハルト政権の崩壊に伴って生じた独立運動であるが、これも根本的には冷戦の終焉と関連していると考えられる。もしも冷戦下なら、たとえスハルト政権が倒れても、次の政権に東ティモールの独立を認める余地はなかったに違いない。アメリカにとってこの地域は軍事的にも経済的にも重要だからである。つまり、アメリカがこの事態に積極的に介入しないということそのものが、冷戦後の世界のあり方を反映している。要するに、冷戦の終焉は地域紛争を生み出したわけではないが、これまでそれが表面化することを妨げていた要因を取り去ってしまったのである。

EU統合の進展

さらにヨーロッパに限定して言えば、地域主義の活発化は明らかにEU統合の進展と軌を一にしている。すなわち、一九八七年に発効した単一欧州議定書（SEA）によって、市場統合が一九九二年末までに行われることが決定し、一九九三年十一月発効のマーストリヒト条約によって通貨統合が決定された。次いで、一九九九年五月にはアムステルダム条約の発効により人の移動の自由がさらに促進され、ヴィザ、亡命、難民、およびこれらに関する政策と立法権が加盟国からEUに移譲された(2)。さらに二〇〇一年二月にはニース条約が調印され、欧州委員長の任命に多数決が導入された。こうしたヨーロッパ統合の進展は従来の国民国家を外側から弱体化しようという方向であるが、これにつれて内側からも国民国家を弱体化する傾向が強まった。これが地域主義の運動である。

確かに、EU統合の先行きは必ずしも明らかではない。ドイツの再統一がドイツ経済に大きな負担をもたらしたのとちょうど同じように、イタリアやギリシアといったヨーロッパでは経済的に比較的遅れた国々をEUのなかに抱え込むことに対する不安はさまざまな形で表面化している。その典型が共通通貨ユーロの下落である。例えば、二〇〇〇年十月二十七日には一ユーロは九一円四七銭まで下落し、それに伴って加盟国の通貨は軒並み低迷している。一フランス・フランは長らく二〇円前後であったが、いまでは十四円を切るまでになっている。

こうした動きが一時的なものなのか、それともしばらく続くのかについては、現時点では判断がつかないが、いずれにしても長期的に見ればEU統合の進展という傾向が挫折することはもはやないであろう。そしてそれに応じて、地域主義の活発化という現象もますます盛んになることは確かである。ただしその場合でも、EU統合の進展によって地政学的位置に大きな変化を受け一層重要性を増す地域と、そうでない地域という二極化は避けられない。前者の典型が独仏国境のアルザス・ロレーヌ地方であり、後者の例がここで説明するコルシカである(3)。

二　十八世紀コルシカ

十八世紀以前のコルシカ

コルシカは地中海ではシチリア、サルディニア、キプロスに次いで四番目に大きな島であるが、古くからさまざ

図3－1　コルシカ島

コルシカ岬
サン・フィオレンツォ
（サン・フロラン）
N193
バスティア
リーズラ・ロッサ
N197
サン・ミケーレ
ムラート
ボルゴ
ビゴルノ
ポレッタ空港
カルヴィ
レント
N193
ヴェスコヴァート
ゴーロ川
ポンテ・レッチャ
ポンテ・ノーヴオ
モロザーリア
オート・コルス県
（北コルシカ）
コルテ
N198
ヴィヴァーリオ
アレリア
ヴィッザノーヴァ峠
N193
アジャクシオ
ソレンザーラ
コルス・デュ・シュッド県
（南コルシカ）
N195
N198
プロプリヤーノ
ポルト・ヴェッキオ
0
20km
ボニファーチョ

まな国に支配され、翻弄されてきた。コルシカが文献の上に最初に登場するのは、紀元前八五〇年と八〇〇年の間に創作され紀元前六世紀に筆写されたと考えられるホメロスの『オデュッセイア』で、次いで、紀元前五世紀に書かれたと推定されるヘロドトスの『歴史』においてである。(4) 後者によると古代ギリシア人はその島をキルノスと呼んでいた。紀元前五三四年にはエトルリアがカルタゴと連合してギリシアを破り、コルシカを領有した。しかし、紀元前二五九年にローマが第一次ポエニ戦争でカルタゴを破ると、その支配下に入った。さらに六世紀から八世紀にかけてローマ教皇庁に支配され、八世紀から十世紀にはサラセンの拠点となり、一〇七七年からはピサ領となった。そして、一二八四年には台頭した都市国家ジェノヴァの領土となった。

ジェノヴァの支配の下でコルシカは長くその専制に苦しみ、たびたび反乱を起こしたが、なかでも有名なのは一五六四年に起きたサンピエーロ・コルソの乱である。これは、一五五三年のフランス軍のコルシカ上陸に端を発するフランス・ジェノヴァ戦争のなかで起こったもので、最初のナショナリズムの表れだと評せられている。こうした時々の動きはあったが、独立運動が本格化するのは十八世紀になってからである。そして、この時期に現代のコルシカ地域主義の原型が形作られたと言えよう。

二人の英雄

十八世紀コルシカを語る場合、どうしても二人の英雄の名を逸することはできない。それは独立戦争の立て役者パスカル・パオリと、コルシカ出身でありながらコルシカのフランス帰属を決定づけたナポレオン・ボナパルトである。

パスカル・パオリは一七二五年四月六日（二十日という説もある）にモロザーリア村（現在のオート・コルス県）に生まれた。父は独立運動の指導者ジャチント・パオリで、一七三九年には亡命する父とともにナポリに赴き、四五年ころには兵学校とナポリ大学に入学し、倫理学などを学ぶ一方、秘密結社フリーメイソンにも入会した。シチリアなどの軍隊で働いた後、一七五三年コルシカの元首ジョヴァン・ピエトロ・ガフォーリ暗殺の報に接し、一七五五年四月、独立戦争の直中のコルシカに帰還した。すなわち、独立戦争はパスカル・パオリが始めたわけではないが、彼の登場によって本格化したのである。(5)

ナポレオン・ボナパルトは一七六九年八月十五日にアジャクシオに生まれた。一七七八年に父とともにフランスに渡り、一七八四年にパリ陸軍士官学校に入学、砲兵少尉などを務めた後、一七九六年にイタリア遠征軍総司令官に就任しコルシカに上陸、イギリス軍を撤退させた。このことによって、コルシカのフランス帰属は決定的となった。歴史に「もし」はない、とよく言われるが、もしもナポレオンが存在しなければ、あるいはナポレオンがコルシカ出身でなければ、以後のコルシカは別の道を辿ったかもしれない。コルシカ出身の英雄ナポレオンがフランス史にとって不可欠の人物となったことで、コルシカもフランスと切り離しがたく結びつくことになったのである(ちなみに、ナポレオン家はいまなおアジャクシオの名家として存続しており、二〇〇〇年六月の市長選にはボナパルトの末弟ジェロームの玄孫が立候補した)。

独立戦争

コルシカ独立戦争は四十年戦争とも呼ばれ、一七二九年十二月二十七日、コルテの近くのボジオ(Bozio)という山間の村での税金をめぐるトラブルから始まった。ジェノヴァ政府はそれまでコルシカの住民に武器の携帯を禁止し、特別に許可した場合についてのみ税金を課していたが、一七一五年、コルシカの名士で構成される「高貴な十二人」の行った全面禁止の請願に基づき、この制度を廃止して全面禁止に切り替えた。ただし、これによる税の減収分を補うために直接税を五〇%以上引き上げたのである。このことが、一七二九年の事件のきっかけをつくった。事件は、ジェノヴァの徴税吏ガロがボジオの村はずれに住む「カルドネ」（オニアザミ）というあだ名の老人から税を徴収しようとした時に起こった。老人が差し出した硬貨をガロは偽物だと突き返したのである。老人が抗議しても無駄であった。「もし明日、本物を持ってこなければ、家も財産も売却する」とガロは老人に言い渡した。この噂はたちまち近隣一帯に広まり、コルシカ中が憤激に沸き立った。こうしてこの事件は、それまで伏在していた反ジェノヴァの感情に一挙に火を着けたのである(6)。

この事件以後もコルシカでは、一七三〇年から三三年、三三年から三九年、四三年から五三年の三度にわたって農民暴動が発生するとともに、革命評議会が選出され憲法が公布された。しかし農民達が優位に立つと、一七三二年から三三年にかけてはオーストリアが、三八年から三九年にかけてはフランスが介入し、そのたびごとに農民指導者達は亡命を余儀なくされた。しかも、この時期までは、多くの指導者はコルシカの独立ではなく、宗主国による統治が変革されることを望んでいただけであった。こうした状況が一変するのは一七五五年四月二十九日のパスカル・パオリの帰国によってである。

帰国したパオリを待ち受けていたのは三つの反対派であった。第一は、名望家層と結びついたジェノヴァ人であり、第二はフランス派、第三はマトラ（Matra）家を中心とするコルシカ・ナショナリストである。パオリはその年の七月十四日に評議会を開き、「将軍」（Général de la Nation）に選出された。これに対し、マリオ゠エマニュエル・マトラも別の場所で評議会を開き、やはり同じように「将軍」に選出された。こうして、独立派は二人の「将軍」が並立する状況となったが、パオリは十一月に評議会を召集し憲法案を承認させた。翌年三月、マトラはジェノヴァと手を組んでパオリを殺害しようとしたが、逆に彼自身が武装農民によって殺され、ここに革命の主導権はパオリの手に移ったのである。

このころは、コルシカの領有権をめぐってジェノヴァとフランスが鎬《しのぎ》を削っている時期であった。すでにフランスは一七三八―一七四一、一七四八―一七五三年の二度にわたってコルシカに介入していた。そして、まず一七五六年八月十六日にコンピエーニュ条約によってフランスは七年戦争の間コルシカ領有の権利を獲得した。次いで、一七六五年には時のフランス宰相ショワズールがジェノヴァとパオリとの間を仲介するという名目で介入し、一七六八年五月十五日のヴェルサイユ条約によってコルシカはジェノヴァからフランスの手に移されたのである。この時を境に、パオリの対決相手はフランスに変わった。

その一週間後の一七六八年五月二十二日、パオリは国民議会を召集し、フランスに対し宣戦を布告した。最初はフランス軍の方が優勢であったが、コルシカ軍の奮闘によってボルゴ（Borgo）の戦いで敗北するとフランスは新たにドゥ・ヴォー伯爵（comte de Vaux）を指揮官に任命し、追加軍を送った。フランス軍はこれによって形勢を挽回し、パオリの軍を押し戻し、一七六九年五月八日ポンテ・ノーヴォ（新橋）で一大決戦が行われた。独立戦争の命運を決するこの戦いで、コルシカ軍は四三二四人の死者と六〇〇〇人に上る負傷者を出し、敗退した。パオリはなおもコルテでの抗戦を主張したが、評議会は降伏を決定し、フランス軍はコルテを占領した。しかし、パオリはゲリラ戦を組織し、五三七人の兵とヴィヴァーリオ（Vivario）に立てこもったが、フランス軍の激しい攻撃に抗しきれず、六月十三日にポルト・ヴェッキオの港からイギリスに亡命した。

こうしてコルシカ戦争はひとまず終わりを告げたが、パオリはイギリスでなおも政界工作を続け、フランス革命最中の一七九〇年四月にパリに戻り、七月にはバスティアに着いた。そして、県会議長兼国民軍司令官に就任すると、コルシカ独立の夢を実現しようとした。この時、ヨーロッパ中を相手に戦争を行っているジロンド派の革命政府は対サルディニア戦争の指揮をパオリに委ねた。しかし、この試みは結局挫折し、パオリはその責任を問われる身となった。そして、一七九三年五月末から六月初めに権力がジャコバン派に移ると、革命政府はパオリを分離主義者として非難し始めた。再びコルシカは独立派とフランス派に分裂し、パオリは独立の達成のためにイギリスに援助を求めた。その結果、イギリスが介入し、一七九四年にはイギリス王ジョージ三世を国王に頂くイギリス・コルシカ王国を宣言するが、パオリが政権内部のいざこざからロンドンに亡命すると、イギリス軍もコルシカから撤退し、一七九六年には再びフランスに帰属した。

ルソーと『コルシカ憲法草案』

ところで、コルシカ独立運動の過程で独立派はフランス啓蒙主義のさまざまな思想家に援助を求めた。先に述べたように、ヴォルテールはコルシカ独立運動に強い関心を持っていた。ディドロはパオリから憲法案を依頼されたが断った。マブリとエルヴェシウスもその候補者に上っていたという(7)。そしてルソーに白羽の矢が立ったのである。ルソーとパオリとの間を仲介したのはコルシカ出身で、当時フランスで軍医大尉の職にあったマチュ・ビュタフォコ（Mathiu Butaffoco）である(8)。一七三一年にコルシカのヴェスコヴァートに生まれた彼はパオリと違って初期にはフランス派であり、フランスで軍人として働き、一七八九年には三部会のコルシカ貴族代表に選ばれるが、革命後は亡命し、一七九四年にコルシカがイギリスの支配下に落ちるとコルシカに戻り、フランスに敵対的な証言をすることになる人物である(9)。

ビュタフォコからルソーへの手紙は六通、ルソーからビュタフォコへは四通が現在残されているが、ビュタフォコからの最初の手紙は一七六四年八月三十一日付けで、ルソーにコルシカの立法者になって欲しいという依頼の手紙であった（CC 3475）。これに対して、フランスとの国境に近くヌシャテル領で当時フリードリヒ大王の支配下にあったモチエに迫害を逃れて『山からの手紙』を校正中であったルソーは、その年の九月二十二日に受諾の返事をする。「あなたが私にお話になった企画に私の熱意をかき立てようとなさるのは余計なことです。そのことを考えただけで、私の心は高揚し夢中になるからです。（中略）この点に関しては、どうぞ私を信じて下さい。私の命と心はあなたのものです」（CC 3523）[10]。ただし、ルソーはこの手紙のなかで、自分にはコルシカについての知識が欠けており、健康状態も良くないが、政治制度だけでなく立法体系全体にわたるプランを考えたい旨を付記している。これに対して、ビュタフォコは十月三日付けでルソーのコルシカ訪問を希望する手紙を送るが（CC 3542）、ルソーはやはり十月十五日付けの手紙で、健康上の理由からそれを断るとともに、パオリについてもっと良く知りたいと述べている（CC 3573）。ビュタフォコは十一月十日の手紙でパオリについては懸念は不要だと述べるが（CC 3634）、ルソーの返事はなかったらしく、翌一七六五年二月二十六日の手紙でルソーの返事を待っている旨書き送っている（CC 4068）。これに対するルソーの返事は三月二十四日付けで、コルシカ移住の希望を伝える（CC 4192）。ルソーはこの手紙を次のように書き始める。「私がどのような新しい不幸の淵に飲み込まれているかご存じないことと思います。あなたからの前のお手紙以来、一息もつけませんでした」。

このころ、ルソーは『山からの手紙』が各地で焚書に遭っていた。そして、コルシカのことを考える状態にないと述べつつ、逃避の場をコルシカに求める。「しかしながら、このように万事窮しているとはいえ、私は自分にふさわしい一つの場所を、そして私自身もそこにふさわしくはないと信じている一つの場所を知っています。それはあなた方勇敢なコルシカ人の所です。自由であるすべを知り、公正であるすべを知り、そしてあまりの不幸の故に憐れみ深くならざるをえないコルシカ人の所です」[11]。これに対してビュタフォコは四月十一日付で返事を送り（CC 4269）、パオリからも歓待の意向を伝えるが、ルソーは五月二十六日付で事情の好転と健康不安とから旅行を断念したことを伝える（CC 4442）。さらに、この手紙の末尾近くで、彼はこう述べる。「あなたに約束でき、あなたも今後あてにして下さって良いことは、私は残りの生涯を通じて自分のことかコルシカのことにしか専念しないであろうということです。他のすべての問題は私の精神から完全に追放されています」[12]。この後、ルソーはモチエを逃れ、サン＝ピエール島から、さらにはロンドンまで逃亡の旅を続ける。そして、ビュタフォコの十月十六日付けの手紙（CC4728）は残されているがこれに対するルソーの返事は見あたらず、二人の書簡のやりとりはこれ以後途絶えたように見える。

この結果、ルソーの『コルシカ憲法草案』は、一七六五年一月から五月の間に執筆されたが、結局日の目を見ずに終わった。その意味で、ここでやや詳しく紹介したルソーとビュタフォコとの交渉は、十八世紀のコルシカ独立運動にとっては単に一つのエピソードに過ぎないといっても間違いではない。しかし、ヴォルテールと同様にルソーもこの運動に大いなる関心を持っていたのみならず、一時は真剣に自らそれにコミットしようと考えていたという事実は、コルシカ独立運動が十八世紀ヨーロッパの人々にとって一大関心の的だったことを示している。その意味で、ルソーの『コルシカ憲法草案』とその執筆事情をめぐる問題は、単にルソーの思想を考える上で重要であるだけでなく、コルシカ独立運動の十八世紀という時代に占める位置をも明らかにする出来事なのである。

三　現代の地域主義運動

前史（第一次大戦後）

コルシカの地域主義運動はその後は下火となった。特に十九世紀はフランスにとって共和国の一体性を強調する時代であり、その下ではコルシカのみならず各地の地域主義運動は表面化しなかった。再びコルシカの地域主義が脚光を浴びるのは、二十世紀に入りフランスの国家的一体性にも綻《ほころ》びが見えようかという第一次大戦後になってからである。まず一九二〇年にピエール・ロッカが中心になって週刊新聞『ムヴラ』が発刊され、その同人たちが一九二二年にPCA（コルシカ行動党）を結成し、その名称は後にPCA（コルシカ自治主義党）と改められた。一方、ポール・アリギを中心に『コルシカ年報』によってコルシカ独自の文化を主張する文化運動も盛んになった。

しかし、第二次大戦が近づくころには再びフランスの国家的統合が強調され、他方PCAが一時ムッソリーニと関係を持ったこともあり、こうした運動はそれ以後影響力を失っていった。

経済的地域主義の時代

第二次大戦後しばらくの間はやはり、フランスの国家的一体性が強調された時代であり、コルシカの地域主義は下火の時代であった。コルシカ地域主義が再び活発化するのは、ドゴール体制に対する批判が顕在化する六〇年代に入る頃からである。以下では、これ以後のコルシカ地域主義の歴史を三期に分けて簡単に概観する。(13)

第一の時期は、コルシカの経済的利益を擁護する人々の運動の時期である。すなわち、経済成長によって恩恵を受けつつあるフランスの他の地域に比べて、コルシカがあまりにも経済的に立ち後れているから、コルシカについて特に国家の積極的支援を求める、という立場である。こうした主張を掲げて一九五九年に「十一月二十九日運動」グループが発足し、DIECO（コルシカ経済利益保護団体）が結成され、この立場はCEDIC（コルシカ利益研究保護委員会）に引き継がれるとともに、UNEC（コルシカ学生国民連合）やUCA（コルシカ未来連合）が相次いで結成された。さらに、アルジェリア独立前後の一九五七年から六五年にかけて北アフリカからの引揚者（「ピエ・ノワール」）は約一万七五〇〇人で島民の約一割に達し、さまざまな問題を引き起こした。(14)

「コルシカ人のためのコルシカ」

こうした問題を契機として、それまでは経済的利益の擁護に留まっていたコルシカ地域主義の運動は、政治的自主管理の要求へとエスカレートする。この時期に、パリ在住のコルシカ出身の知識人で構成されていたUCAはFRC（コルシカ地域主義戦線）に衣替えし、CEDICもARC（コルシカ地域主義行動）に再編された。こうして、コルシカの自主管理の要求が強まるなかで起きたのが一九七二年から七四年にかけての「赤い泥事件」と一九七五年八月のアレリア事件である。特に、コルシカ自治主義を標榜するARC議長のエドモン・シメオニらが八〇〇人の同志とともにワイン貯蔵庫を占拠して、ついには機動隊との銃撃戦にまで発展したアレリア事件は、これ以後のコルシカ地域主義の一つの特徴となるテロリズムの最初の事例として注目すべき事件である。

アレリア事件以後

アレリア事件でARCは解散させられ、APC（コルシカ愛国者協会）を経て、一九七七年にUPC（コルシカ人民連合）を結成したが、武装闘争路線とは一線を画していた。それに対し、一九七七年に結成されたFLNC（コルシカ民族解放戦線）は明確に武装闘争路線を掲げた。しかし、これも一九九〇年以後、過激派の歴史派と穏健派の日常派とに分裂し、歴史派の方はたびたびテロを引き起こしている。例えば、九八年二月にコルシカ知事を殺害したのもこの一派だと見られている。一方、フランス政府も特にミッテラン政権以後は、特別措置によってコルシカに一定の自治権を認める方向に政策転換した。例えば、八二年のデフェール法によって地域議会の設置を認めるとともに、九一年のジョックス法によってコルシカを新しい行政組織として認めた（ただし、この法律の第一条の規定は共和国の一体性を定める憲法に違反するものであるという憲法院判決が出された）。それ以後も、政府はたびたびコルシカの自治を拡大する政策を打ち出しているが、徹底的な分離を主張する過激派のテロは依然として続いている。

四　コルシカのジレンマ

自主管理か内国自治か

このように、最近のコルシカ地域主義運動においては、フランス国内にとどまりそのなかでより広い自治権を求めようとする内国自治の主張が一定の支持を得ているとはいえ、すでに述べたように、コルシカ人のなかには自主管理を求める人々の運動も依然として根強く、テロが頻発しているのも事実である。ここには、固有のアイデンティティと経済的自立の可能性との間でのジレンマがある。その点では、コルシカは他の島與地域と共通性を持つということができるが、コルシカのアイデンティティの問題はさらに複雑である。例えばコルシカはしばしば沖縄と比較され、実際にその二つの島は多くの共通点を持つことも確かであるが、しかしそこには決定的な違いがある。(15)それは、沖縄人にとって固有のアイデンティティを持つことが比較的容易なのに対し、コルシカ人の場合はそれが困難だ、という点である。

コルシカは歴史的に見れば長くイタリアの支配下にあったし、なによりもアイデンティティの根幹をなす言語の点で、コルシカ語はイタリア語のトスカナ方言から派生したものであることが今日では知られているからである。したがって、アイデンティティからすれば明らかにコルシカ人はフランスよりはイタリアに近いと言えるが、ナポレオン以来のフランス帰属の歴史によって人為的にフランス人としてのアイデンティティを手に入れたと言える。(16)ただし、フランス人としてのコルシカ人のこのアイデンティティは強制されたものというよりは、彼らが望んで手に入れたものと考えることも可能である。すなわち、コルシカ人はフランス人となることによって、イタリアの「辺境との関係を断ち切って、パリというヨーロッパの中心的部分とつながることができる」からである。(17)

さらに、コルシカ人の政治的自立を困難にするもう一つの大きな要素は経済的自立の可能性の低さである。コルシカは面積八六八一平方キロメートル（広島県ぐらい）に人口二五万人が住む島である（一九九六年一月現在[18]）。コルシカもかつては牧畜業や工業が栄えたこともあるが、第二次大戦後はもっぱら農業地域となった。そして、一時はブドウ栽培が盛んであったが、高級ワイン志向の波の高まりのなかでフランス国内の他の産地との競争に敗れ、現在ではほとんど衰退している。

こうして、コルシカが唯一活路を見出した産業は、観光業とフランス国家からの補助金である。一九九二年の統計によれば観光客は年間約一八〇万人、コルシカの人口の八倍強であり、夏季に集中し、その季節にはコルシカ人よりも観光客の方が多いことがあると言う。そして、その三分の二がフランス国内からの客である。むろん、このことはコルシカがフランスに帰属していることと直接の因果関係はないが、同じフランスであるために、フランス人にとってコルシカは手軽な旅行地だというイメージを与えていることも考えられる。さらに、フランス国内の旅行であるために、交通の便も比較的良いのかもしれない。こうしたことも、コルシカをフランスから切り離し難くしている事情の一つである。

もう一つのコルシカの重要「産業」はフランスからの補助金である。ブドウに代わって現在多く栽培されているのは、クレマンチーヌという柑橘の一種であるが、これも補助金無しでやっていけるほどにはなっていない。さらに、農業補助金以外にも、付加価値税や事業税、所得税、法人税、石油税などの税率は他の地域よりも低めに抑えられ、相続税は免除されている。こうした特別措置の結果、一九九五年度には約九億四〇〇〇万フランがコルシカに支出されていることになるという。現在のコルシカ経済は、もはやこうしたフランス国家からの補助無しには機能しえないことは明らかである。したがって、コルシカが自立することは経済的な面から見ればほとんど不可能だと言わざるをえないのである。

こうして、ルソーがポーランドと並んでその政治的希望を託したコルシカは、自らのアイデンティティに苦しみ、経済的苦境の内にある。果たして、EU統合の進展はこの状況を変えるのだろうか。アイデンティティの面から言えば、あるいはその可能性はあるかもしれない。イタリア人になりきることもできず、かといってフランスにも同化しえなかったコルシカ人だが、ヨーロッパ人がナショナル・アイデンティティのくびきを離れる時には、その特殊性が一つの範型としてかえって独自性を持ちうるかもしれないからである。しかし、経済的には、やはり辺境としての限界は残るに違いない。EU統合の将来の経済的枠組みがどのようなものになるかは現時点ではまだ判断が付かないが、いずれにしてもフランスないしは他の国々への経済的依存はやむをえないからである。その意味で、コルシカの自立はコルシカ人のひそかな願望ではあるが、やはり一つの理想に留まるように思われる。

共和国の一体性と地域の自治

さらに、コルシカの地域主義がフランスのみならず今日の政治にとって興味深いのは、それがある意味で国民国家の一体性の強度を占う指標となるからである。これまで述べてきたように、コルシカ地域主義が表面化したのはフランスの国家的一体性が弱まった時期であり、最近の動きもその何度目かの波である。しかし、最近でも、コルシカにさらなる自治権を認めようとするジョスパン首相の試みは、保守派の間からだけでなくお膝元の社会党の内部からも強い反対に遭っている。例えば、シュベヌマン内相はこうした案に反対して、二〇〇〇年八月に内相を辞任した。こうしてみると、今日フランスでは左右の対立よりもむしろ、国家の一体性か、それともEU統合の下での地域の独自性か、という主張が主要な政治的対立軸になりつつあると考えざるをえない。その意味で、コルシカ問題は単にフランスのみならず、広くヨーロッパ政治全体の将来の行方を占う一つの重要な問題なのである。

注

（1） 地域主義という語の二通りの意味については、『現代政治学小辞典〔新版〕』有斐閣、一九九九年、参照。

（2） この点については、国際政治統合研究会「アムステルダム条約（仮訳）」『同志社法学』第五一巻第五号、二〇〇〇年一月、八七四—八七七ページ、および、Philip Thody, *An Historical Introduction to the European Union*, Routledge, 1997 参照。

（3） 梶田孝道『統合と分裂のヨーロッパ』岩波新書、一九九三年、二四—三〇ページ参照。

（4） 以下の叙述は、ジャニーヌ・レヌッチ、長谷川秀樹・渥美史訳『コルシカ島』白水社、一九九九年、Roger Caratini, *Histoire du Peuple Corse*, Criterion, 1995 および、田之倉稔『麗しき島　コルシカ紀行』集英社、一九九九年を参照した。

（5） 大岡昇平によれば、「パオリの名をヨーロッパに紹介したのは、ヴォルテールの『ルイ十五世の世紀史要』」であると言う（「コルシカ紀行」『大岡昇平集』第一八巻、岩波書店、一九八四年、四三四ページ）。ヴォルテールは一七六八年に出版した *Précis du Siècle de Louis* XV の新版の第四〇章を「コルシカについて」と名付け、その中で古代から近代に至るコルシカの歴史を物語った。詳しくは Voltaire, *Œuvres historiques*, Bibliothèque de la Pléiade, 1957, pp. 1543-1555 参照。

（6） Caratini, *op. cit.*, pp. 211-213 参照。

（7） F. G. Healey, "Rousseau, Voltaire and Corsica. Some notes on an interesting enigma," *Studies on Voltaire and the Eighteenth Century*, 10(1959), p. 413.

（8） パオリからルソー宛の手紙はルソーが『告白』のなかでも言及し、ジェイムズ・ボズウェル（James Boswell）もその存在について触れているにもかかわらず、現在まで見つかっていない。ルソーからパオリに宛てた手紙の方は一七六五年四月十八日付けのものが残されているが（*Correspondance complète de Jean-Jacques Rousseau*, édition critique, établit et annotée par R. A. Leigh, The Voltaire Foundation, 1965-1998, XXV, pp. 128-129, Lettre 4305. 以下ではCCと略記し、書簡番号だけを付記する）、これも実際に出されたものかどうかは疑わしいとされている（木崎喜代治

「『コルシカ憲法草案』の成立」『社会思想史研究』第二号、一九七八年、一九九ページ)。ところで、ルソーがエルムノンヴィルで亡くなった時に彼の荷物のなかにはパオリとビュタフォコの手紙のオリジナルが残されており(CC7334 bis)、一七七九年二月九日付けのデュ・ペイルーからジラルダン侯爵宛の手紙ではパオリからルソー宛のイタリア語の手紙が存在したとある(CC7463)。この点について、リーはデュ・ペイルーがルソーの死後に焼却したのではないかという憶測に疑念を差し挟んでいる。また、ボズウェルは一七六四年十二月に当時モチエにいたルソーを訪問し、ルソーの手紙を携えてコルシカのパオリを訪れたと書き残している(R. Leigh, "Boswell and Rousseau," *Modern Language Review*, XLVII(1952), pp. 296-297 および木崎、前掲論文、一九九ページ参照)。

(9) *Dictionnaire de Jean-Jacques Rousseau*, publié sous la direction de Raymond Trousson et Frédéric S. Eigeldinger, Honoré Champion Éditeur, 1996, pp. 122-123 参照。

(10) 木崎喜代治訳『コルシカ憲法草案』未來社、一九七九年、一〇六ページ、ただし訳文は一部改めた。

(11) 邦訳、一一四ページ。

(12) 邦訳、一二二ページ。

(13) この点については、定松文「地域運動における民族性の諸相——コルシカの事例を中心にして——」『お茶の水女子大学人間文化研究年報』第一七号、一九九三年、および、Robert Colonna d'Istria, *La Corse au XXe siècle*, France-Empire, 1997 を参照。

(14) レヌッチ、前掲訳書、八四ページ参照。

(15) コルシカと沖縄との比較については、中野祐二「普遍主義と個別主義の交差——コルシカと沖縄——」『法政研究』第六三巻第三・四号、一九九七年三月参照。

(16) ナショナル・アイデンティティを、近代に人為的につくられたものと見なすか、それとも近代以前にもその起源があると考えるかについては周知の論争があるが、ここでは後者の説を採りたい。

(17) 田之倉、前掲書、一一一ページ。

(18) 以下のデータは、レヌッチ、前掲訳書から借用した。

第4章 ドイツにおける難民・外国人労働者問題
——統合と分離の一形態

古賀 敬太

はじめに

ドイツはフランスとともにヨーロッパ統合の牽引車の役割を務め、共通通貨の導入に見られるように一貫してヨーロッパ統合を推進してきた。このように一方においてはEUという超国家的共同体に主権の一部を委譲するとともに、他方においてドイツは国内において《統合》すべきさまざまな対立要因を含んでいる(1)。

第一に膨大に増え広がった難民をいかにドイツ社会に《統合》するか、第二に東ヨーロッパや旧ソ連からの帰還者をいかに受け入れ、《統合》するか、第三にトルコ人に代表される外国人労働者をいかにドイツ社会に《統合》し、摩擦を防止するか、そして最後に経済的・心理的障壁が大きい旧東ドイツの人々と旧西ドイツの人々の対立をいかに克服するかが、現在ドイツの大きな課題として残っている。

そしてこの課題は、同時に極右政党やネオ・ナチ集団の存在を許容するようなドイツ社会の《外国人に対する排外主義》をいかに乗り越え、異なるものとの《共存》を達成するかという問題でもある。本章では、この四つの問題に対する政府の取り組みを概観し、その意義と問題点を指摘し、ドイツ政府が外国人との《共存》においていかなる社会像を目標としているかを考察するものである。

一　難　民

ソビエトの崩壊や旧ユーゴの崩壊、東ドイツの崩壊とドイツ統一といった激動の時期に、ドイツを始めとするヨーロッパ諸国に難民の流入が激増した。ドイツへの庇護の希望者は、一九九〇年に約一九万人、一九九一年に約二六万人、一九九二年に約四四万人、一九九三年に約三二万人であった。そして庇護希望者は年々減り続け、二〇〇〇年には約八万人となった。承認された割合は、一九九〇年が四・四％の八四〇〇名、一九九一年が六・九％の一万七九四〇人、一九九二年が四・三％の一万八九二〇人、一九九三年が三・二％の一万六三二〇人、そして二〇〇〇年は三％の三一二八人であった。

庇護権の申請者に対する承認率の低さは、庇護権が乱用され、実際には経済的目的で来る《経済難民》や《偽装難民》（**Scheinasylant**）が多数を占めているのではないかという疑惑をドイツ人に持たせる原因となった。ちなみにこの時期の庇護希望者の主要部分を占めたのは東欧出身の人々である。例えば、一九九一年においては旧ユーゴからの難民が七万四八五四人、ルーマニアからの難民は四万五〇四人（その大部分がロマ）、トルコからの難民（クルド族）が二万三八七七人であり、一九九三年では、ルーマニア、旧ユーゴ、ブルガリア、ボスニア・ヘルツェゴビナ、トルコ、アルジェリア、ベトナム、アフガニスタン、ロシアからの難民があった。なお一九九九年と二〇〇〇年の庇護希望者の国別人数は**表4-1**の通りである。

このような難民の激増に対して、ドイツ国内の排外主義が顕著となっていった。主な外国人襲撃事件を列挙すれば、一九九一年九月にホイヤスヴェルダ（ザクセン州）の青年たちがモザンビーク人、ベトナム人を主な住民とす

図 4－1　ドイツ

ロストック
シュレースヴィヒ・
ホルシュタイン州
メルン
メクレンブルク・
フォアポメルン州
ハンブルク
ブレーメン
ブランデンブルク州
ニーダーザクセン州
ベルリン
ザクセン・
アンハルト州
ノルトライン・ヴェスト
ファーレン州
ゾーリンゲン
ザクセン州
ボン
ヘッセン州
チューリンゲン州
フランクフルト
ラインラント・
ファルツ州
バイエルン州
ザールブリュッケン州
バーデン・ヴュル
テンベルク州
ミュンヘン

表4－1　国別による庇護権の申請者数（1999年と2000年）

	1999年	2000年	前年度に対する比率
1．イラク	8,662	11,601	＋33.9%
2．新ユーゴスラビア	31,451	11,121	－64.6%
3．トルコ	9,065	8,968	－1.1%
4．アフガニスタン	4,458	5,380	＋20.7%
5．イラン	3,407	4,878	＋43.2%
6．ロシア	2,094	2,763	＋31.9%
7．シリア	2,156	2,641	＋22.5%
8．ベトナム	2,425	2,232	－3.8%
9．中国	1,236	2,072	＋67.6%
10．インド	1,499	1,826	＋21.8%

（資料）　Bundesinnenministerium, *Die Hauptherkunftsländer 2000* から作成。

る外国人労働者や難民の居住区を襲撃したホイヤスヴェルダ事件、一九九二年夏にロストックで発生した難民ハイム襲撃事件、一九九二年にネオ・ナチ青年がトルコ人住宅を放火、襲撃して三人のトルコ人女性を焼死させたメルン市の事件、一九九三年五月二十八日の放火によってトルコ人一家の五人が焼死させられたゾーリンゲン事件などがある。

政府はこうした事態に対して硬軟両方の対策をとることを余儀なくされた。政府はネオ・ナチ集団を禁止し、(2) 犯罪やテロ活動に対しては断固たる措置をとることを明確にする一方、一九九二年七月一日に「庇護手続き法」を改正し、庇護認定手続きの簡素化、迅速化を定め、明らかに政治的迫害の根拠のない場合の手続きは六週間に短縮した（一九九三年四月一日発効）。この法案には、当時与党のCDU（キリスト教民主同盟）／CSU（キリスト教社会同盟）、FDP（ドイツ自由民主党）の他、野党のSPD（ドイツ社会民主党）が賛成したが、野党の九〇年連合／緑の党、PDS（ドイツ民主社会党）は反対をした。また一九九三年の連邦議会でボン基本法一六条第二項二段を削除し、新たに基本法一六条aを追加する庇護権の改正が行われ、七月一日に施行された。この時には、CDU／CSUは全員賛成、FDPは、七人の反対、SPDは一〇一人（議員数は二三九人）反対、九〇年連

図4－2　庇護申請者の推移

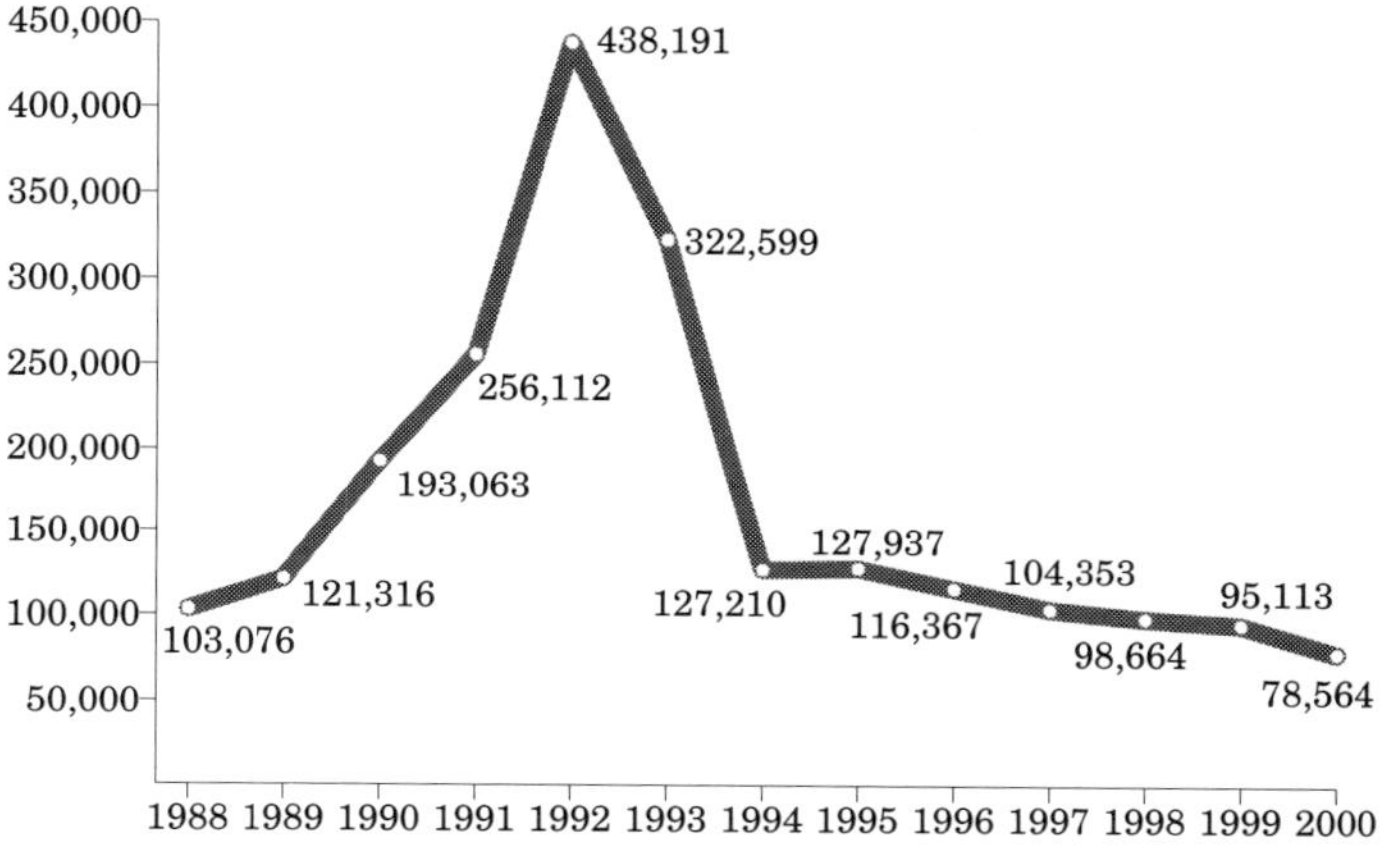

（出所）Bundesinnenministerium, *Die Entwicklung der Asylantragszahlen seit 1985* から作成。

合／緑の党そしてPDSは全員反対であった。

ドイツでは、「政治的に迫害された者は庇護権を享有する」という基本権の規定によって、迫害された者に庇護権を与えてきたが、新しい基本法の規定によれば、EU加盟国あるいは他の《第三国》から入国するいかなる庇護希望者も受け入れないとした。つまり政治的に迫害され、庇護を求める外国人がいったん安全な《第三国》に入国すれば、そこでその被迫害者の逃走は終了するというものである。

また政治的迫害がないことが確実な国家については連邦内務省がリストを作成し、これらの国からの庇護申請者は認められないとした。追加された一六条a項一段は、「政治的に迫害された者は、庇護権を有する」と定め、二段は、次の通りである。

「ヨーロッパ共同体の構成国あるいは難民の法的地位に関する協定および人権と基本的自由の保護のための条約の適用が保障されている他の第三国から入国するものはすべて、第（一）項に基づいて、その資格を有しない。第（一）項の前提に該当するヨーロッパ共同体以外の諸国に関しては、連邦参議院の同意を必要とする法律によって規定される。

第（一）項の場合において、在留終了措置は、これに対して申し立てられる法的救済とはかかわりなく実施される」。

こうした規定の追加は、難民受け入れに関するEUの統一規制に合致するものであった。というのもEUの協定によれば、難民は最初の受け入れ国でのみ庇護を申請することができ、その他のEU諸国は彼をその国に送還することができるからである。この点において、他のEU国で庇護を拒否された難民が再度ドイツに来て庇護を申請することを認めるドイツの基本法規定の修正は不可避であった。したがって、第一六条の修正の目的には、難民の数を制限するという政治的目的と同時に、EUにおける統一的な難民対策にドイツも歩調を合わせるという大義名分があったのである。(3)

なおこの改正によって、**図4-2**に見られるように、一九九三年以降難民の申請者の数は激減するにいたった。

このようにドイツ政府は、一九九三年後、ボン基本法第一六条の改正によって難民の受け入れを制限することによって、ドイツ国内の外国人排外主義や、極右主義の進展を阻止しようとしたのである。

二　ドイツ系帰還者

難民とは別に、ドイツに移住してきた人々のなかには、旧東ドイツからの移住者（Übersiedler）と帰還者（Aussiedler）がいる。旧東ドイツからの移住者は、ドイツ統一において消滅したので、ここでは帰還者について検討することにする。(4)

帰還者とは、「第二次世界大戦前までのドイツ東部領土に居住していたか、またはドイツからソ連・東欧地域に移住した人々を祖先にもち、その意味でドイツ人の血を引く彼らの子孫であって、これまで住んでいた国の国民であるのにドイツ系であることを理由にして差別などを受けているために故郷を立ち去り、父祖の出身地であるドイツに戻ってくる人々[5]」である。帰還者は、基本法第一一六条一項に定めるドイツ人で、一九五〇年以降、中欧や東欧から移住してきた人々である。この規定では、「この基本法の意味におけるドイツ人とは、法律に格段の定めのある場合は別として、ドイツ国籍を有している者、または、ドイツ民族に属する追放者、もしくは難民として、あるいはその配偶者もしくは卑属として、一九三七年十二月三十一日現在のドイツ国の領域に受け入れられた者を言う」とある。

この規定に基づき、中欧や東欧からの帰還者に対しては、西ドイツに受け入れ後にドイツ国籍を与え、西ドイツ市民と同じ権利・義務を認めた。冷戦の崩壊により難民の激増がもたらす衝撃がドイツ社会の排外主義を生み出したが、看過すべからざることは難民に限らず、帰還者の激増のもたらす影響も甚大なものがあった。戦後すぐ旧ドイツ領から追放されてドイツに帰還した人々は、一二五〇万人に及ぶという。

また一九五一年から一九八七年までに、一七〇万人の帰還者がポーランド、ルーマニア、ソ連から帰還してきた。ゴルバチョフのペレストロイカの影響を受けて、ソ連では一九八七年ぐらいから移住者が激増したが、一九八九年にかけてはポーランドの帰還者が圧倒的に多く、一九八八年には一四万人、一九八九年には二五万人にのぼっている。ワルシャワ条約締結以降のポーランドからの帰還者の数は、一九七〇年から九〇年まで九六万九〇〇〇人となっている。

一九九〇年以降は、**表4-2**に見られるように旧ソ連からの帰還者が多くなり、一九九〇年と一九九一年には約一五万人、一九九二年と一九九三年には約二〇万人、一九九四年はピークで約二一万人、それから減少し、一九九五年に約二一万人、九六年には一七万人、九七年には一三万人、九八年には一〇万人となっている[6]。そして、**表4-2**からも理解できるように、一九九八年の帰還者のほとんどが旧ソ連からのドイツ人であることを考えると、現

表４－２　帰還者の人数

	1990年	1991年	1992年	1993年	1994年	1995年	1996年	1997年	1998年
総　　数	**397,073**	**221,995**	**230,565**	**218,882**	**222,590**	**217,898**	**177,751**	**134,419**	**103,080**
旧　ソ　連	147,950	147,320	195,576	207,347	213,214	209,409	172,181	131,895	101,550
ポーランド	133,872	40,129	17,742	5,431	2,440	1,677	1,175	687	488
ルーマニア	111,150	32,178	16,146	5,811	6,615	6,519	4,284	1,777	1,005

（出所）　近藤潤三「ドイツにおけるアオスジードラー問題の系譜と現状」56ページ。

在の帰還者の問題は、ロシア・ドイツ人問題である。(7)旧ソ連からの帰還者の累計は、三九〇万人と言われている。

彼らの大量のドイツ流入は、ドイツ社会に少なからざる影響を及ぼしている。彼らは劣悪な労働市場や住宅事情、そして社会保障の状態で生活することを余儀なくされていると同時に、ドイツ社会で孤立感や疎外感を経験している。また言語や習慣などの点で困難を経験をしていることは間違いがない。この点に関する研究は立ち遅れているが、近藤潤三氏の「ドイツにおけるアオスジードラー問題の系譜と現状――ロシア・ドイツ人を例にして――」(『社会科学論集』第三八号、一九九九年）に依拠して問題点を整理してみたい。

帰還者と、後に取り扱うトルコ人を中心とした外国人労働者を比較すると、後者はドイツ語を事実上の母国語とするにもかかわらず国籍取得が困難なのに対して、前者はドイツ語をほとんど話せないにもかかわらずドイツ系という血統だけで国籍を取得することができる。ドイツの国籍法が血統主義を採っていることにその原因がある。旧ソ連のドイツ系住民でドイツ語を母国語と考えていた人々は、一九五九年には七五％であったが、一九八九年には四八・七％にまで下がっている。特に若い人々はロシア語を母国語と考える人々が多くなっており、ドイツ語を満足に話せない人も増えているのである。

帰還者の激増をどのように解決すべきであろうか。一つは制限する方法である。従来血統的にドイツ人であれば《来る者は拒まず》という姿勢をとっていたが、制限する方向を政府は打ち出した。つまり一九九〇年七月一日に、帰還者受け入れと承認手続きに関する新しい規定が発効し、以前ではドイツにおいて受け入れ手続きを行うことが可能であったが、新規定では、帰還者はドイツに入国する前に出身国で受け入れの手続きを完了し、受け入れ通知を入手すべきことが定められた結果、一九九一年から帰還者の数が特にポーランドやルーマニアを中心として大幅に減少した。**表4-2**に見られるように一九八九年は三七万七〇五五人、一九九〇年において三九万七〇七三人であったのが一九九一年には二二万一九九五人と一七万人も減少している。

また一九九二年十二月に公布された戦争帰結法においては、上限が約二二万人に固定されると同時に、一九九三年一月一日以降に出生した人々に対しては帰還者の地位を認めない決定をした。また一九九六年七月以降は、ドイツ語の能力が「ドイツ民族に属していることの自認」を実証する上で重視されるようになった。またSPDは、基本法第一一六条の改正を訴え、ドイツ人の定義を厳格にしようと試みているが、これにはCDU／CSUが強く反対している。

次に帰還者の《統合》問題であるが、ロシア・ドイツ人の場合はさまざまな問題をかかえていると言わざるをえない。すで述べたように彼らの青年層はドイツ語の能力が低いため、また母国での教育レベルや職業訓練のレベルが低いので、同じドイツ人青年に比べて失業率が高く、就職できても不熟練労働が多かったりする。また彼らの犯罪率は、かなり高いと言われている。言葉のハンディより、ロシア・ドイツ人がドイツ国内で閉鎖的なグループを形成する可能性も高い。ドイツの財政難で、帰還者の語学研修や職業訓練などに対する財政援助が削減されているので、社会的統合は大きな問題を抱えていると言わざるをえない。旧ソ連の帰還者は、二五〇万人以上の人々がドイツに住んでいる。これらの人々の、ドイツ社会への《統合》は目下の急務である。ちなみに現在においても旧ソ連・東欧に居住しているドイツ系住民は数百万人にのぼる。

三　外国人労働者

第二次世界大戦によって多くの男性労働力を失った西ドイツは、戦後の経済復興のために外国からの労働力を必要とし、イタリア（一九五五年）、トルコ（一九六一年）、ユーゴスラビア（一九六八年）と外国人労働者に関する協定を結び、外国人労働者の導入をはかった。この協定の目的は、外国人労働者が継続してドイツ国内に留まることではなく、西ドイツの労働力の需要に応じて、外国人労働者をリクルートする《ローテーション》システムであった。一九五八年に約一三万人であった外国人労働者は一九七三年までにはトルコ人を中心に二六〇万人に増大した。彼らは長期間西ドイツに滞在し、また家族を呼び寄せ、ドイツに定着するようになった。しかしこのことは西ドイツ政府の意に沿うものではなかった。彼らは、《ガスト・アルバイター》と呼ばれていたように、あくまでもお客さんであり、仕事が終われば母国に帰ることが期待されていたのである。

第一次石油危機が発生した一九七三年に政府は、外国人労働者の募集を停止した。ほとんどの国の外国人労働者の数は減少したが、トルコ人の場合は例外であった。彼らは家族を呼び寄せたり、ドイツで子供をつくったりして、一九七四年から一九八二年までに西ドイツ国内のトルコ人の人口は八％も上昇したのである。そこで一九八三年六月には、「外国人の帰国準備のための期限付き促進法」が可決された。これは、帰国を希望する外国人労働者とその家族のために補助金と無料相談を提供し、帰国後の就職を斡旋し、公的年金保険の労働者負担分の返還などを用意するというもので、これによって二五万人のトルコ人が帰国した。しかし募集停止と帰国促進法の制定にもかかわらず、トルコ人の数は減少しなかった(8)。

一九九九年十二月一日現在、外国人の数は、約七三四万人で、全人口の約九％を占めている。そのなかの国別比率は表4-3の通りである。

すでに述べた外国人の就労に対する規制にもかかわらず、「募集中止特例法」によって実際には例外的にきわめて広範に外国人の労働が認められている。[9] このなかには、研修や特定の職種などの就労目的により労働を許可される人々、新たな国家間協定によって受け入れられる協定請負労働者、越境労働者などが含まれている。またドイツにおける少子化や人口の減少を考慮して、労働力の確保や膨れあがった年金問題の確保のために、積極的に外国人労働者を活用すべきだという意見が存在する。[10]

政府の政策は基本的に外国人労働者の数を制限すると同時に、ドイツに長い間滞在し、就労している外国人をいかにドイツ社会に《統合》するかである。統合の第一の方策は、ドイツ人への《帰化》を勧めることであり、第二は文化的・宗教的な違いから生じる摩擦をいかになくしていくかである。前者は法的な統合であり、後者は宗教的・文化的な統合である。後に述べるようにドイツ政府は第一のハードルをクリアしたが、第二のハードルに苦しんでいるのが現状である。

表4－3　ドイツの外国人の国別比率

国　名	外国人数	比率%
トルコ	2,053,564	28.0%
EU諸国	1,858,672	25.0%
ユーゴスラビア	737,204	10.0%
ポーランド	291,637	4.0%
クロアチア	213,954	2.9%
ボスニア	167,680	2.3%
イラン	116,446	1.6%

（注）EU諸国のなかではイタリアが8.4%と1番多く，次にギリシア人が5%と続く。

（資料）Die Beauftragte der Bundesregierung für Ausländerfragen のデータの Ausländer in der Bundesrepublik Deutschland nach den häufigsten Staatsangehörigkeiten am. 31. Dezember 1999 から作成。

国籍法の改正

外国人労働者、特にトルコ人をドイツ社会に統合するための国籍法の改正が、一九九九年五月七日、連邦議会を通過し、二〇〇〇年一月から施行された。この時まで、一九一三年に制定された国籍法が国籍取得の要件を徐々に変更しつつも、基本的に《血統主義》を維持してきたが、この改正によりドイツに住む外国人両親の下で出生した子供たちは、出生によりドイツ国籍を取得することが可能となった。これによって、従来《血統主義》をとっていた国籍法は、《出生地主義》（jus soil）を追加した。子供たちは成人するまでは《二重国籍》（doppelte Staatsangehörigkeit）の状態にあるが、二十三歳で両国籍のうちの一つを選ばなければならず、原則として《二重国籍》は否定された。一時は《二重国籍》を容認する方向に傾いていたＳＰＤと緑の党の連立政権は、一月のヘッセン州議会選挙における敗北を契機として方向転換し、自由民主党が示した「ドイツ生まれの子弟に限って一時的に《二重国籍》を認め、満二十三歳になるまでにどちらか一方を選択させる」案に妥協した。《出生地主義》による国籍獲得のための法律上の要件は、両親のいずれかが八年以上適法にドイツに滞在し、かつ《滞在権》（Aufenthaltsberechtigung）か無期限の《滞在許可》（Aufenthaltserlaubnis）を有していることである。

なお外国人法（Ausländergesetz，一九九〇年六月九日制定、一九九三年六月三〇日改正）は、第五条において滞在許可証の名称を、《滞在許可》、《滞在権》、《滞在承認》（Aufenthaltsbewilligung）、《滞在資格》（Aufenthaltsbefugnis）に区分している。このうち《滞在権》は、永住権を意味し、《滞在承認》は、「ある特定の、その性格上一時的滞在のみが必要とされるような滞在」に付与されるものであり、留学生や、新たな国家間協定により受け入れられる協定請負労働者が想定されている。《滞在資格》は、庇護申請を退けられながらも、母国の政情など人道的な理由から送還を猶予され、《黙認》（Duldung）を受けている難民を対象としている。(11)

国籍法改正の他のポイントとしては、従来成人外国人の《帰化》の請求権の条件が一五年間の適法滞在であったが、これが八年に短縮されたことがあげられる。現在ドイツに住む約七三〇万人の外国人のうち、半数が一〇年以上、三〇％が二〇年以上ドイツに住んでおり、五分の一がドイツに生まれた外国人である。国籍法の改正以前の《帰化》（Einbürgerung）は、一九九五年が約三一万人、一九九六年が約三〇万人、一九九七年が約二八万人、一九九八年が約二九万人なので、二〇〇〇年にはこの数が激増することも予想される。

トルコ人の統合とイスラム教

トルコ人の多くは、ドイツにおいて特定の地域に住み、一般のドイツ人から隔てられて生活している。ベルリンのクロイツベルクがその典型的な例である。ここには、ベルリンのトルコ人人口の四〇・一%の人々が生活しており、ドイツ人によって《クロイツ・ゲットー》と呼ばれている。(12) これは、トルコ人が住居を借りたりすることが容易ではないことや、トルコ人に対するいやがらせや犯罪に対処するため、また相互扶助のネットワークをつくる必要性などが原因として挙げられる。一般のドイツ人から見れば、このようなトルコ人地域は、《ゲットー》のように見え、近寄りがたい存在である。一部のドイツ人は、大都市においてトルコ人の人口が増えることに反感を抱いており、極右主義者はトルコ人の住居を襲撃するといった事件も起きている。「トルコ人よ、出ていけ！」というのが彼らの合い言葉である。このような《ゲットー》をつくらないためには、住居の賃借についての差別や、トルコ人に対する排外主義を改める必要がある。

ハンチントンの『文明の衝突』によれば、西欧文明とイスラム文明の衝突が国際的な紛争の原因となると言う。しかしこの衝突は、ドイツ国内においても生じ、トルコ人がドイツ社会において《統合》されることを困難にしている原因でもある。一般にドイツに住むトルコ人の多くが生活においてイスラム教を《実践している》人々ではないが、イスラム教信者である。とりわけドイツという習慣も伝統も異なる国において、イスラム教は彼らの《アイデンティティ》の源泉となっている。イスラム教徒は、ドイツで二八〇万人位いると言われており、トルコ人の他には、モロッコ人、アフガニスタン人、チュニジア人、ボスニア・ヘルツェゴビナ人、イラン人、レバノン人などがいる。

表4－4　ドイツにおけるイスラム諸国から来た人々の人口

出身国	1989年	1995年	1997年
トルコ	1,612,600	2,014,300	2,107,426
ボスニア-ヘルツェゴビナ	316,000	281,380	
イラン	81,300	107,000	111,100
モロッコ	61,800	81,900	83,904
レバノン	30,100	54,800	55,904
チュニジア	24,300	26,400	25,394
アフガニスタン	22,500	58,500	66,385

（出所） Statistisches Bundesamt, *Auszahlung des Auslanderzentralregisters durch die Bundesverwaltungsamt.*

トルコ人に限って言えば、特に女性の方がイスラム教の習慣を守っている。彼女たちは長い伝統的なスカートを履き、頭にスカーフを被った格好をしている。したがって、彼女たちは、《外国人に対する敵対》（Ausländerfeindlichkeit）の犠牲者になりやすい。この点に関して、『ドイツにおけるトルコ人』においては、次のように述べられている。「極右の攻撃は、外国人の女性に対しても向けられている。メルンやゾーリンゲンの出来事は、氷山の一角にすぎない。これらの焼き打ち事件においては、八人の娘と妻が殺害された。しかし《外国人に対する敵対》のより巧妙な形態は、一層頻繁に生じている。脅し、侮辱、暴力は多くのトルコ人女性にとって日常茶飯事である[13]」。こうしたイスラム教の教えや習慣が《私的領域》に留まっている限りは、解決は困難ではない。なぜなら、ドイツ政府は、宗教や習慣による差別をなくすよう努めればよいからである。西欧的な価値観や宗教と異なった価値観や宗教、そして習慣を持っているという事実があるからといって、それだけで《統合》が困難となるわけではない。

しかし、こうした摩擦が《公的領域》において生じた場合は、解決は容易ではない。例えば、トルコ人の二世や三世は、学校における宗教教育の問題に遭遇する。ドイツにおいては、国教会の存在は否定されているにもかかわらず、政治と宗教との間には密接な関係が認められる。教会税の徴収や公立学校での宗教教育がボン基本法において認められていることが、その代表的な例である。もちろんキリスト教の各派による宗教教育が認められるだけで、イスラム教による宗教教育は認められていない。したがってトルコ人の子女はキリスト教による宗教教育には参加しない。彼らは放課後、イスラム教の宗教学校に通い、コーランを暗唱したり、イスラムの掟を学んだりする。コーランやイスラムを教える指導者の多くは、トルコ人子女がドイツの学校で学んだことを無視するように教える。(14)

かくして、彼らの間でアイデンティティの危機が生じることになる。イスラムの教えが浸透すればするほど、トルコ人のドイツ社会への《統合》は困難になるということもありうる。トルコ人の二世や三世は、一世に比べて、ドイツで教育を受けた分、完璧に近いドイツ語を話し、またドイツ人の思考様式や文化に慣れている。しかしイスラム教やトルコの伝統・習慣が家庭や宗教学校によって綿々と伝えられる限りにおいて、西欧文化との摩擦は不可避であろう。イスラムの教えの女性差別や《一夫多妻制》は、その最たるものであろう。それればかりではない。もしイスラム教徒が公立学校の宗教教育にイスラム教も含めるよう要求した場合にはどうであろうか。またフランスで大変な議論を引き起こしたように、イスラムの子女がスカーフ、さらには全身をおおうチャドルを着て、授業に望んだ場合はどうであろうか。さらには、イスラム教徒が現在のドイツ法にかえて、イスラム法（シャリーア）を採用するように要求したらどうであろうか。またイスラム原理主義者のように、国家がイスラムの掟を実現するために、政教一致を要求したらどうであろうか。こうした場合には、ボン基本法が示す、基本的人権、政教分離、自由、平等などの精神と決定的に対立するに至るであろう。

結局のところ、ドイツ社会に生活する限り、信教や言論の自由が認められるのは当然であるが、ボン基本法の精神に対立する地点にまでに立ち至ると、もはや《統合》は困難であろう。なぜなら《統合》とは、ドイツ社会の基本的なルールを尊重するという前提の上で、外国人や少数民族の宗教、文化、習慣に基づくアイデンティティを許容するというものだからである。

トルコ人の《統合》を困難にしている要因の一つとして挙げられるのがドイツ国内におけるトルコ人組織である。

憲法擁護庁は、いくつかの過激なトルコ人組織や団体を注視しており、これらの組織が在独のトルコ人に反独感情を植え付けているとみている。それらのなかには、イスラム原理主義の影響を強く受けたイスラム組織も存在する。

ここでドイツ国内におけるイスラム組織について説明することにしよう。(15)

イスラム組織のなかでは、DITIB（宗教施設のためのトルコ・イスラム連合）は、一五のモスクを有する地域の上部組織として、一九八二年にベルリンで組織された。この組織はトルコの宗務局と密接に連携しており、トルコ国内のイスラム過激派に対抗している。これに対して、AMGT（ヨーロッパにおける新しい世界観協会）はDITIBと異なり、トルコ政府から独立した最も大きなイスラム共同体であり、ドイツ国内で三〇〇の組織と二万人のメンバーを擁している。この組織はイスラム共和国の樹立を目指す組織であり、急進的なイスラム国家から財政的な補助を受けているが、ドイツ内においては穏健な路線と対話を重視し、トルコ人がドイツの宗教や文化に《同化》しないよう、ドイツにおける異なった宗教や民族の共存を唱えている。《同化》は、トルコやイスラムの文化的伝統を危険にさらすものであり、避けるべきものである。より過激なイスラム組織であるVIKZ（イスラムの文化中央団体）はドイツで二五〇の組織を有し、一万二〇〇〇人を会員として擁している。この集団はスンニ派ではなくシーア派の教義や慣行を有する組織であり、AMGTやDITIBとは関係を持っていない。この組織は特にトルコ人の若者のイスラム的なアイデンティティの強化を目標に掲げている。次にICCB（イスラムの共同体連盟）は、ANGTから分裂してできた組織であり、一九八四年メティン・カプランによって創設された。カプランは、厳格なイスラム原理主義を奉じる人物で、彼の組織はヒエラルヒー的で中央集権的である。この組織は反民主主義的な世界観を有しており、イラン型のイスラム国家の樹立や、イランの模範に従ってイスラムの軍隊を設立することを目標の一つとしているが、トルコにおいてもドイツにおいても危険視され、憲法擁護庁によって監視されている団体である。(16)この団体は、ドイツにおいて約五〇のモスクを有し、三〇〇〇人の会員を数えているが、その排他性の故に、ドイツにおける他のイスラム団体といかなる関係も有していない。

ＡＤＵＴＤＦ（ヨーロッパにおけるトルコ・民主主義的な理想家連盟）は、一九七八年六月にフランクフルトで創設され、トルコ連盟と略称されている。この集団は、トルコ人がイスラム化する前の文化や歴史を強調し、汎トルコ主義的なイデオロギーを主張していたが、後にイスラム的色彩を帯びるに至っている。これは、一八〇の組織を有し、二万六〇〇〇人の会員を擁している。

最後にＡＴＩＢ（ヨーロッパにおけるトルコ・イスラム連合）は、ＡＤＵＴＤＦから分裂して、イスラム色を強化した組織であり、五〇の組織と一万二〇〇〇人の会員を擁している。

以上がドイツ国内におけるイスラム組織であるが、ドイツ社会からの排除や差別に対する反動として、また過激なイスラム組織の働き掛けもあって、《イスラム原理主義》が青年の間で影響力を増していると言う。こうした傾向が強化されれば、《統合》は困難となり、《対立や緊張》が前面に登場することとなろう。すでに述べたようにイスラム教やその慣習がどの程度までドイツ社会に認められ、どの程度まで認められないかがポイントとなる。目下の所、イスラム教の個人的な信仰や宗教行事などの《私的領域》に関わるものは保護されるが、公立学校でのイスラム教育やイスラム法の要求などの《公的領域》に関わることは認められないと言える。ただ、《私的領域》と《公的領域》をどこで線引きするかは、かなり難しい問題である。なおイスラム教をめぐる統合の問題は、ドイツのみならず、イギリスやフランスといったヨーロッパ諸国に共通する問題なので、ヨーロッパ的な規模で考察していく必要があろう。(17)

四　《基軸文化》か《多文化主義》か？

以上、見てきたようにドイツは、長期に滞在している外国人労働者に対して市民権を付与することによって、自国の社会に《統合》するという方法を採用するに至った。外国人が市民権を獲得すれば、ドイツ人と同じ権利を享受でき、差別もなくなることが期待されたのである。これは長い間、ドイツ政府がトルコ人の定住者に対して市民権を付与することを拒んできた経緯を考慮すると、一つの進歩であろう。『国際移民の時代』を書いたS・カースルズとM・J・ミラーは、移民の取り扱いを《排除モデル》と《同化モデル》そして《多文化モデル》の三つに区分している。(18) 彼らによれば、《排除モデル》は移民の定住を否定し、彼らの権利を制限し、差別的な社会政策をとることを特徴としている。このモデルは、外国人の差別やゲットー化を助長してしまうことになる。

第二の《同化モデル》は、市民権を付与することによって外国人を統合しようとする試みであり、フランスが典型である。このモデルの問題点は、市民権を獲得した外国人に自国の文化や伝統に《同化》するよう要請する点であり、少数者の宗教や伝統は統合の阻害要因として現れることとなる。ドイツにおけるトルコ人がドイツの《市民権》を獲得したとしても、イスラム教や自国の伝統に固執するならば、ドイツ社会においてエスニックな《ゲットー》を形成することになるが、これは《同化モデル》からすれば許容できないことであろう。この《排除モデル》と《同化モデル》は、相互に関係する場合もある。というのも「《同化》できなければ、出ていけ」という論理で、外国人や少数民族に対する排除が正当化される場合が多いからである。

最後のモデルは、カナダやオーストラリアのモデルであり、ここでは市民権の付与と同時に、少数者の宗教や文化が《私的領域》のみならず、《公的領域》においても尊重される《多文化主義》（Multiculturalism）を採用している。カースルズとミラーは、《同化主義》のモデルによる少数民族は、《エスニック・マイノリティ》であるのに対して、《多文化主義》のモデルによる少数民族は、《エスニック・コミュニティ》を形成すると述べている。前者においては、少数民族の文化や伝統は排除され、周辺化され、危険なものと見なされるのに対して、後者では《多文化社会》の一部として受け入れられることになる。

今日、《排除モデル》や《同化モデル》による外国人の定住者の《統合》が問題視されているので、《多文化主義》のモデルが脚光を浴びている。確かに旧ソ連や旧東ヨーロッパの解体後の難民や帰還者、そしてドイツに定住しているトルコ人を始め、多数の外国人労働者の存在を考えると、たとえ彼らに市民権を付与したとしても、一般のドイツ人との間に宗教的・文化的な断絶が歴然として存在することは事実である。その意味において将来、《多文化主義》は、ドイツにおいても有効な解決策として浮上することが考えられる。

しかし、それは《国の形》を大きく変えることを意味するのであり、ドイツ社会のアイデンティティや《同質性》（Homogenität）を強調する保守主義陣営から批判を浴びることは必至である。特に現在野党のCDU／CSUは、「移民はドイツの《基軸文化》（Leitkultur）に順応すべきである」という意見が強く、二〇〇〇年十二月六日のCDU幹部会において、《基軸文化》とは、「ドイツ語を習得し、キリスト教、ユダヤ教、ギリシア哲学、人文主義などによって形成された西欧的価値観を受け入れること」と定義し、「異文化が共存する多文化社会は、未来のモデルとはなりえない」とする見解をまとめた(19)。

またすでに前首相のH・コールは、一貫してドイツは《移民受け入れ国》ではないと宣言してきた。少なくともCDU／CSUにとって、ドイツを将来《多民族国家》や《多文化主義》にする選択肢は存在しない。ドイツの文化や伝統、そして《同質性》を守っていくのが彼らの基本的な姿勢である。しかし、ドイツでも日本と同じように少子化が進行するなかで、移民受け入れの必要性が叫ばれており、シュレーダー政権は今までの外国人政策の大幅な修正を考えていると言う。[20]とはいえそれが、どこまで《多文化主義》への移行を考えているのか、それともあくまで《基軸文化》の維持を前提としているのか、いまだ不透明だと言わざるをえない。

ここで、もう少し立ち入って、《多文化主義》の定義について考えてみよう。周知のようにM・M・ゴードンは、《多文化主義》を、《リベラル多元主義》、《シンボリック多元主義》、《コーポレイト多元主義》、そして《急進的多元主義》に区分した。[21]ここで問題となるのは、《リベラル多元主義》と《コーポレイト多元主義》の相違である。《リベラル多元主義》は、《公的空間》と《私的空間》を区別し、《公的空間》においては、当該国の価値基準や言語を維持し、学校、公共施設での異言語使用には反対であるが、《私的空間》においては外国人や少数民族の文化や言語、宗教を許容し、保護するタイプである。《公的空間》における価値基準は、基本的人権の尊重であり、この立場から人種差別や強制的同化が禁止されることになる。

これに対して《コーポレイト多元主義》は、当該社会の構成原理として多文化、多言語を保障するものであり、《私的空間》のみならず《公的空間》においても複数の文化や言語の公的使用を保障する。したがって、多言語放送、多言語コミュニケーション文書、多言語・多文化教育が盛んとなるとともに、就職や教育に対してアファーマティブ・アクション（優偶措置）やクオータ（人数割当て）制度も実施され、少数民族が人口比に応じて教育、就職の場で代表されるように奨励される。これはオーストラリアやカナダといった《多民族国家》ないし《移民国家》に見られるものである。

《リベラル多元主義》が《基軸文化》を前提とした上で、少数民族の文化を承認するのに対して、《コーポレイト多元主義》の場合は、各文化間の平等な関係が強調され、優越した《基軸文化》は存在しない。将来の《開かれた》ドイツ社会の秩序モデルとして、カナダやオーストラリアといった《多民族国家》の《コーポレイト多元主義》を適用するのは無理があるので、《排除モデル》や《同化モデル》と区別する意味でも、ひとまずこの《リベラル多元主義》の秩序モデルを採用するのが望ましいと言えよう。[22] 梶田孝道は、《リベラル多元主義》の意義について、次のように述べている。

「今日、先進諸国では国民国家が綻びをみせ、《同化主義》に対する批判が強くなっている。こうした中で、外国人労働者や少数民族の統合が大きな課題となっている。このような場合、国民国家をどのように変容させ、どこまで《同化》を抑えるかが重要なポイントとなる。リベラル多元主義という概念は、文化的マジョリティに属する人々が、どこまで妥協し、どこまで多文化の共存を許容できるかという点に留意して提示した一つのモデルということができる。《多文化主義》を私的空間の枠内に限定し、公的空間においては国家の原理や基準をあくまで保持するのである。十全な意味での多元主義とはいいがたいが、これも《同化主義》を克服しようとする一つのあり方なのである」[23]。

ＣＤＵ幹部によって構想された《基軸文化》という概念も、《コーポレイト多元主義》とは対立する概念であるが、《基軸文化》が《同化》を強制せず、《私的領域》における多文化を承認するならば、《リベラル多元主義》とは必ずしも矛盾するものではないだろう。異文化が同じ立場で共存する多文化社会であれば《リベラル多元主義》とは相容れないが、《基軸文化》を認めた上で、多文化の共存を提唱するのであれば、両立可能である。ただ《基軸文化》という概念が《同化》の延長線上に構想されているのであれば、多様なるものとの《共存》は不可能であろう。

五　旧西ドイツと旧東ドイツ

最後に旧西ドイツ地域と旧東ドイツの統合の必要性について触れておく。

ドイツ統一は、コール政権のリーダーシップによって行われ、それによってコール政権は一九九一年の選挙に大勝した。しかし統一後の後遺症はドイツに重くのしかかった。それは、旧西ドイツと旧東ドイツとの間の経済的・心理的障壁である。特に旧東ドイツ地域における産業の破壊や企業の倒産、失業者の増大、環境破壊、インフラストラクチャーの整備の遅れ、企業家精神や経営技術の欠如などの理由により、旧東ドイツは統一後、市場経済の波に翻弄され、壊滅的な打撃を味わった。東の企業は、技術革新に遅れをとり、老朽化した機械や設備、過剰人員をかかえ、生産性が低いにもかかわらず、賃金水準が高いというアンバランスが存在した。旧西ドイツと比較した場合、生産性が五六・八%であるにもかかわらず、賃金水準は七三・八%である。これによって、旧東ドイツ地域への資本投下が抑制されることになる。

また旧東ドイツ地域の所得が高水準を維持できるのは、旧西ドイツからの財政移転があるからである。例えば、ドイツ統一から一九九七年まで七年間で九五〇〇億マルク（約六九兆円）が旧東ドイツ地域の復興のために使われた。また旧西ドイツから旧東ドイツへの財政移転のために、連帯付加税という名目での増税や公的負債の増大が行われたが、それは西側のドイツ人にとっては不人気極まるものでしかなかった。また多額の財政移転にもかかわらず、東西の経済格差は縮小しそうにもない。旧東ドイツのＧＤＰがドイツ全体において占める比率は、約一割にすぎない。こうした経済格差が歴然となるにおよんで、ドイツ統一を果たしたころの最初の興奮は消え去り、統一を重荷として感じる事態が発生した。そして財政悪化を理由に、旧東ドイツへの補助金の削減や連帯付加税の引下げなど、資金移転が先細りの状態にあり、それに対して旧東ドイツの人々が反発しているのが現状である。

なおドイツ全体で一九九七年現在、失業率は一一・四%で約四三〇万人に達している。その中で旧西ドイツの失業率が九・八%（失業者約三〇〇万人）、旧東ドイツの失業率が一八・二%（失業者約一三〇万）と、旧東ドイツが旧西ドイツを約二倍ほど上回っている。特に旧東ドイツの女性の失業率は約二〇%を記録している。一九九八年九月に総選挙が行われたが、東ドイツ経済を建てなおすことができなかったコール率いるCDUは、SPDに大敗し、経済の建直しは新首相のシュレーダーに委ねられることとなった。東の経済が西に追い付くのは、早くても二〇四一年と言われている(24)。

西と東のドイツ人との間には、経済的格差のみならず心理的障壁が強くなっている(25)。旧東ドイツの人々のデモの最初の横断幕は、Wir sind das Volk（われわれこそが人民である）であったが、次に Wir sind ein Volk（われわれは一つの民族である）に変わり、最後に Wir sind kein Volk？（われわれは国民ではないのか）に変わったように、旧東ドイツの住民は、自分たちが二級市民としてしか見なされていないという不満を抱いている。旧東ドイツの人々が旧西ドイツの人々をエゴイスティック、傲慢、信用できないと感じているのに対して、旧西ドイツの人々は、旧東ドイツの人々を依存心が強く、自立心がないと感じている。旧西ドイツ市民に反感と嫉妬心を抱いている旧東ドイツ市民は約半数いると言われている。

西と東のドイツ人の間には、政治体制や政治教育が異なっていたという事情もあり、民主主義や人権に対する意識も異なっている。極右現象は現在東側の方が西側より圧倒的に強いが(26)、それは旧東ドイツにおける失業率の高さに由来すると同時に、人権意識や民主主義教育の薄さにも起因するものである。旧東ドイツ地域の人々は、ナチス独裁の後に即座に共産党の事実上の一党独裁を経験し、シュタージ（旧東ドイツの秘密警察）が猛威を奮うなかで生活をしていたので、人権尊重の伝統が希薄なのである。

こうした経済的・文化的・精神的壁がこわされて、文字通りドイツ統一が達成するためには、かなりの期間が必要であると言えよう。現在は、この《統合》のための《生みの苦しみ》の時期であるが、とりわけ旧西ドイツの人々は、政治システム、経済システム、教育システムなどの構造転換を経験し、新しい西側のシステムや価値観に適応しようとしている旧東ドイツの人々の苦労と努力を理解することが重要であり、そのことが双方の《心の壁》を取り除くためにはどうしても必要であろう。新しいシステムや価値観への適応には、相当の時間が必要であること、また旧東ドイツ地域における犯罪や極右現象などを特別視せず、新しいシステムへの不適応現象として位置づける必要があるであろう。

おわりに

以上、ドイツ国内における《統合》にまつわる問題点を、難民、帰還者、外国人労働者、そして旧東ドイツと旧西ドイツの人々の経済的格差や《心の壁》について考察してきた。こうした問題は必然的に、少数民族、外国人、そして異なった習慣や言語を有する人々に対して、ドイツ社会をどの程度まで《開く》かという、ドイツの将来の秩序モデルについての議論を喚起している。ドイツの選択は、日本が将来《同質的な社会》を開いていくためにも、また少数民族や異文化との友好的な共存を達成するためにも、多くの教訓を与えるものとなるであろう。

注

（1） ここで使用する《統合》（Integration）の意味としては、さしあたって手塚和彰氏が『外国人労働者』（日本経済新聞社、一九八九年、二六二ページ）において述べている定義、「ある民族なり国民が、他の民族、国民のグループに組み入れられ、同一基盤で生活し、同一性（アイデンティティ）を確認できるレベルまで達することを《統合》と称する」を採用しておく。ここでは、《統合》が、外国人や少数民族の文化や慣習を放棄させ、自国の文化や慣習を採用するよう強制する《同化》（Assimilation）とは異なることを確認するだけで十分である。

（2） ドイツ政府はネオ・ナチ集団を禁止するのみならず、二〇〇〇年十一月、ネオ・ナチ集団と関連しているとされる極右政党、NPD（ドイツ国家民主党）が憲法違反の政党であるとして、連邦憲法裁判所に提訴した。

（3）ヨーロッパ庇護権の調和化については、大野英二『ドイツ問題と民族問題』未来社、一九九四年、一二八―一三四ページを参照。

（4）なおユーバージードラーについては、近藤潤三「戦後ドイツ史の中のユーバージードラー」（『姫路法学』第二九・三〇合併号、二〇〇〇年）を参照。

（5）近藤潤三「ドイツにおけるアオスジードラー問題の系譜と現状――ロシア・ドイツ人を例にして」（『社会科学論集』第三八号、一九九九年）五ページ。

（6）星野智『現代ドイツ政治の焦点』中央大学出版部、一九九八年、一〇五ページ。

（7）近藤潤三、前掲論文、五三ページ。

（8）なお旧東ドイツ政府の外国人労働者問題に関しては、近藤潤三「ドイツ民主共和国における外国人労働者と外国人政策――旧東ドイツ地域の反外国人感情との関連で」（『社会科学論集』第三八号、一九九九年）を参照のこと。

（9）野川忍『外国人労働者法――ドイツの成果と日本の展望』信山社、一九九三年。

（10）大野英二、前掲書、一二七ページ。

（11）野川忍、前掲書、六八ページ。

（12）Ardagh, Thon, *Germany and the Germans*, Penguin Books, 1995, p. 289.

（13）Faruk Sen/Andreas Goldberg, *Türken in Deutschland*, Beck, 1997, S. 65.

（14）Ardagh, p. 287.

（15）以下のトルコ人組織についての叙述は、Faruk Sen/Andreas Goldberg, *Türken in Deutschland-Leben zwischen zwei Kulturen*, Beck, 1994, S. 92-105 を参照した。

（16）*Verfassungsschutzbericht*, 1998, S. 155-158. なお同じく憲法擁護庁によって監視されているＡＭＧＴについては、S. 159-161 を参照のこと。

（17）ヨーロッパにおけるイスラムに関しては、日本経済新聞社『宗教から読む国際政治』日本経済新聞社、一九九二年、二六七―二八一ページ、梶田孝道編『ヨーロッパとイスラム――共存と相克のゆくえ』有信堂、一九九三年を参照。

（18）Ｓ・カールズ／Ｍ・Ｊ・ミラー『国際移民の時代』岡根政美・関根薫訳、名古屋大学出版会、一九九六年、二四三―二五六ページ。

（19）『読売新聞』二〇〇〇年十一月九日。なお《基軸文化》という考えは、ＣＤＵのメルツ連邦議会院内総務が中心となって二〇〇〇年十月末に打ち出したものである。近藤潤三氏によればこの概念を最初に提唱したのは、ＣＳＵでバイエルン内相のＧ・ベックシュタインであるという。在独ユダヤ人協会やトルコ人協会はこれが《同化》を意味するものとして概して否定的である。

（20）『朝日新聞』二〇〇〇年二月七日は、シュレーダー政権が移民受け入れの法制化に動き出したと報じている。

（21）Gordon, M.M. *The Scope of Sociology*, New York, Oxford University Press, 1988.
また初瀬龍平編著『エスニシティと多文化主義』同文舘出版、一九九五年、所収の関根政美「国民国家と多文化主義」と梶田孝道「多文化主義をめぐる論争点」を参照のこと。

（22）ドイツにおいては、ボン基本法第七条によって公立学校での宗教教育が認められているが、あくまでもキリスト教の教派であるカトリックとプロテスタントに対してであって、イスラム教に対してではない。また例外的にノルトライン・ヴェストファーレン州において認められているイスラム教による宗教教育も正規の宗教の授業としてではなく、トルコ語の補償授業の一環として行われている。したがってそれは、《コーポレイト多元主義》における多言語・多文化教育とは無縁である。ドイツにおけるイスラム教の宗教教育については、丹生久美子「イスラム教の宗教教育をめぐる論争」（梶田編、前掲書所収）を参照のこと。

（23）初瀬龍平編、前掲書、八二ページ。なお梶田氏は、《多文化主義》という言葉の意味を明確にするためにも、この言葉を《コーポレイト多元主義》に限ることが望ましいと述べている。

（24）野川忍、前掲書、八一ページ。

（25）旧西ドイツ人と旧東ドイツ人との間の心の壁については、近藤潤三『統一ドイツの変容』木鐸社、一九九八年、一一四―一三六ページを見よ。また熊谷徹『ドイツの憂鬱』（丸善ライブラリー、一九九二年）の第五章「心の壁」を参照のこと。

（26）岩間陽子「最近のドイツにおける極右主義問題」『海外事情』一九九九年十二月、拓殖大学海外事情研究所。

第5章 アジアの地域安全保障（1）
――インドネシア

大田　明彦

はじめに

インドネシアにおけるスハルト大統領の独裁とそれに続くハビビ政権の崩壊、ワヒド政権の誕生は、同時に「多様性の統一」を国是とする共和国の分裂、崩壊を予感させるものとなった。東ティモールでの住民投票に基づく分離独立を目の当たりにしたインドネシア各地の独立運動はいちだんと勢いを増しつつある。なかでもスマトラ島北端のアチェ特別州、マルク州アンボンでは、従来の武装闘争と住民を主体にした政治闘争も激化してきた。

一　二十世紀最後の被植民地国・東ティモール

東ティモール問題が特殊な位置付けをされるのは、インドネシアの多くが旧オランダの植民地であったのに対し、東ティモールは旧ポルトガル領だったことだ。すなわち、インドネシアによる東ティモール併合（一九七六年）は「旧植民地による植民地支配の悲劇」という、国際政治上もきわめて特殊なケースだからだ。スハルト元大統領は、南ベトナム崩壊というアジアの激動のなかで、東ティモールの共産化を避けたいという意向で武力侵攻に踏み切ったとされているが……。

東ティモールは、オーストラリアの北、小スンダ列島の東端に位置するティモール島の東半分を占め、面積は日本の四国とほぼ同じ。コーヒーやゴムなどを主な産業にしているが、多くの人々は農業や漁業で生計を立てている。住民はテトゥン語という独自の言葉を話し、大多数がカトリックを信仰している。

のどかな南の島とあって、すでに十五世紀ごろ、中国人やアラブ商人らがビャクダンを求めてやって来ていた。旧宗主国ポルトガルは、十六世紀からティモールの植民地支配に乗り出した。しかし、東アジアで勢力を拡大し、香料貿易の独占をねらうオランダは、十七世紀始め、東インド会社を設立したのを皮切りに、ポルトガルが保有していた既得権を次々に強奪していった。一七〇一年、ポルトガルがティモール島を、オランダが十八世紀末にインドネシアをそれぞれ政治的統治下に組み入れた。両国はティモール島の領有権をめぐって争ったが、一八五九年、ポルトガル領の東ティモールとオランダ領ティモール（西ティモール）の領域が確定した。

第二次世界大戦中には連合国のオーストラリアが東ティモールに軍を駐留させたため、日本軍は、東ティモールが連合国軍の南方拠点になることを恐れ、一九四二年に東ティモールに進攻。オーストラリア軍を追い出して東ティモールを統合し、終戦まで軍事支配下においた。しかし、終戦後、再びポルトガルの支配下におかれることとなった。

東ティモールでは、世界的な民族自決運動の高まり、とりわけポルトガル支配下にあったアフリカ諸国の植民地解放運動に触発された若いエリート層を中心に独立への気運が芽生えていく。七〇年代前半にはすでに、反植民地・反ポルトガルを掲げる地下組織が形成されていた。そこへ、ポルトガル本国では軍の若手将校らによって起こされた無血革命によって、ファシスト政権が崩壊する。

図５－１　インドネシアのイスラム化

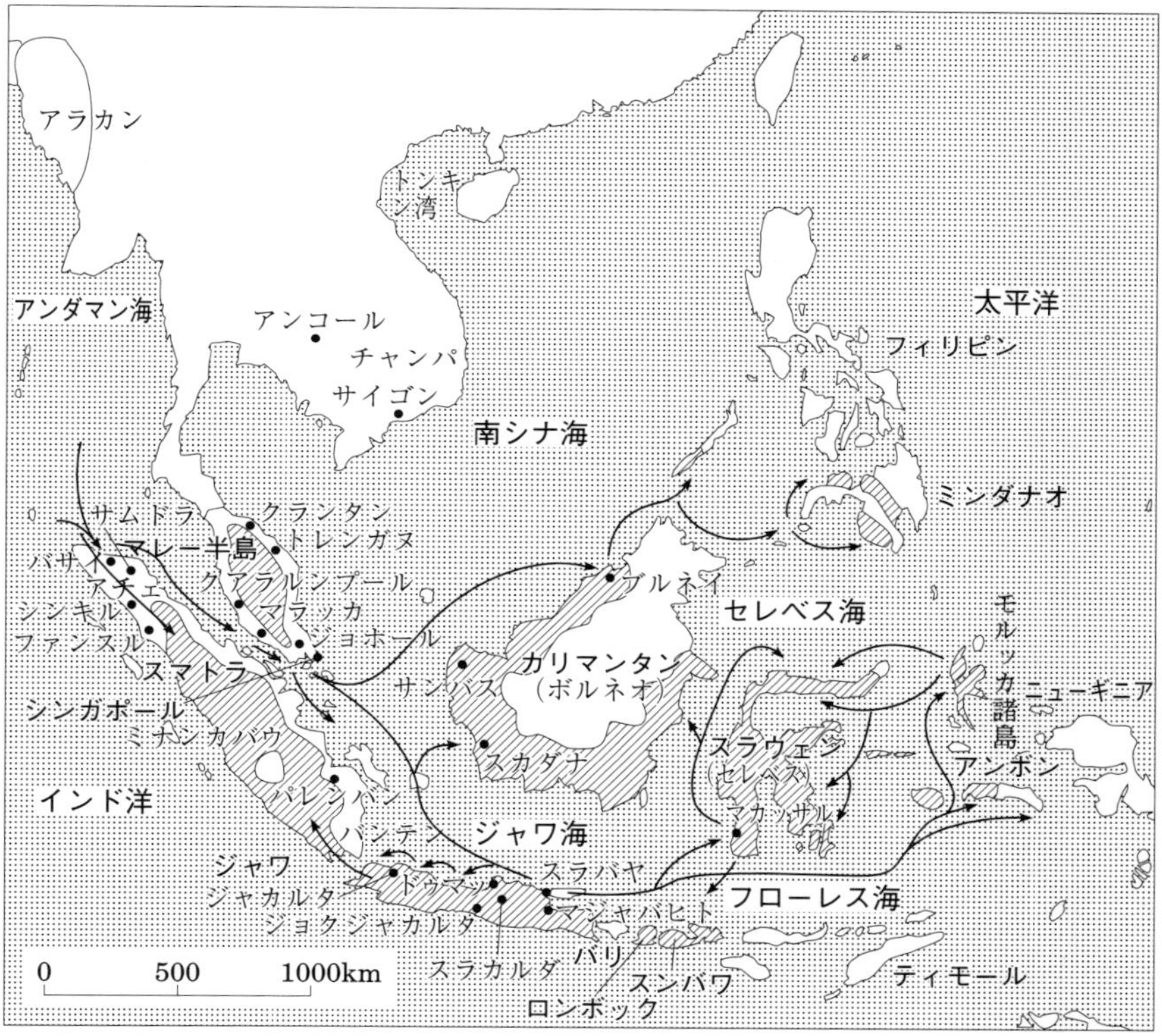

（注）［白地］は西暦1500年以前のイスラム化の範囲。［斜線］は西暦1500年以後のイスラム化の範囲。→は貿易ルート。
（出所）石井米雄編『東南アジアの歴史』弘文堂，1991年。

新政権は民主化と植民地解放を約束し、同じころに東ティモールでは労働者を中心としたティモール社会民主化協会（ＡＳＤＴ）が組織された。このＡＳＤＴは農業、教育、保険など基本のプログラムを掲げ、独立に向けて動きだし、やがて名称をフレテリン（東ティモール独立革命戦線）と変え、農民重視の運動を展開していった。

一方、ＡＳＤＴより早く、植民地官僚やプランテーション経営者らは、ポルトガルとの連合を目指しつつ、住民の自決権を行使する政策を掲げるティモール民主同盟（ＵＤＴ）を設立、また独立には否定的で一定の自治を保ちながらポルトガルとの併合を唱える東ティモール人民民主協会（アポデティ）も組織された。

このなかで最大の勢力は、フレテリンだった。フレテリンはＵＤＴの外国資本依存、アポデティの東ティモールの経済的自立不可能という立場に対して、農地改革、生産・流通・消費の協同組合化、モノカルチャー脱却、識字教育などを掲げていた。

インドネシアは独立以来、東ティモールへの領土的野心を否定していたが、ポルトガル本国でファシスト政権が倒れるや、「フレテリンは共産主義者だ」と決めつけて、オーストラリアなどの支持を取り付け、「コモド作戦」と名付けた東ティモール併合に乗り出した。同時期、アジアではベトナム戦争が激化、アメリカの敗色が濃厚となっていたことから、「これ以上、アジアに共産主義国家を誕生させてはならない」とする西側の論理で、東ティモールを無理やり冷戦構造に組み込む戦略を採ったわけだ。この間、ポルトガルは東ティモールの民族自決権行使のために、フレテリンとＵＤＴを仲介するが、両者は首都ディリを奪い合うなど、内戦状態に陥った。フレテリンは七五年十一月に一時、「東ティモール民主共和国」の独立を宣言するが、こうした主導権争いにインドネシアが介入、アメリカのフォード政権の軍事支援も得て、一挙に全面侵攻。ディリを占領し、七六年七月十五日、インドネシア議会は東ティモールを二七番目の州とする合併法案を可決、二十世紀最後の被植民地国が誕生した。

二　東ティモールのキリング・フィールド化

東ティモール併合後、スハルト政権は経済開発で東ティモールの悲劇を忘れさせる政策を採る裏で、大量虐殺と人権蹂躙を続け、国連安保理事会や国連人権委員会の度重なる民族自決支持、撤退要求にもかかわらず、インドネシアは「東ティモール問題は内政問題である」と、これを無視、軍を駐留させて独立派を弾圧、人権侵害を繰り返した。同時にインドネシア主導による行政、教育を推進し、インドネシア化の既製事実づくりに邁進した。

併合以来、スハルト政権は東ティモールに経済的豊かさを与えることで虐殺や弾圧を隠蔽して住民を保守化させ、支持を集めようとした。また、国際社会に対しても東ティモールへの経済支援をアピールすることで人権弾圧の印象を薄めようと試みてきた。実際、ディリ市内には立派な道路や橋、公共施設を建設するなど、多額のインフラ整備資金（年間平均五〇〇〇億ルピア＝約六五億円）を投じた。

また、スハルト政権は東ティモールのインドネシア化のため、教育、移民政策も同時に推進した。ポルトガル時代、五〇校しかなかった小学校が一〇倍の五〇〇校以上になったし、中学校も二校から九〇校に、高校が一校から四〇校あまりに増えた。

ここでは、東ティモールの共通語であるテトゥン語ではなく、インドネシア語で教育し、建国の五原則（パンチャシラ＝①唯一なる神への信仰、②公正にして礼節に富む人道主義、③インドネシアの統一、④代議制による英知に導かれる民主主義、⑤全国民にとっての社会的公正さ）を徹底的にたたき込み、東ティモールの子供達に、インドネシア人としての意識を植え付けようとした。

インドネシア化のために、積極的な開拓移民政策も進めた。インフラ整備などで、東ティモールに多額の政府資金や世界銀行の援助資金が投入されるのを当て込んで、自発的に移民してくるインドネシア人も少なくなく、公設市場はインドネシア移民が多数派を占めるようになり、東ティモール人との対立が日常化していった。だが、東ティモールは外部からの移民を受け入れる半面、学校を卒業しても職に就けない東ティモール人の若者は仕事を求めてジャカルタや島外に出ざるをえなくなり、行政側はこれを積極的に奨励、出稼ぎも増えた。ただ、こうした出稼ぎ労働者が首都ジャカルタでの反政府デモ、暴動の中心勢力となったのは、皮肉な結果でもある。

一方、スハルト政権は内外に「インドネシア政府は、東ティモールの開発に努力しているが、一部の過激派が併合に反対している」との公式的立場を崩さなかった。具体的には、東ティモール人のなかに分離主義者とインドネシアとの併合主義者の間で、対立があるように政府が率先して演出する戦術をとり、インドネシアが統括しなければ、常に内戦状態になってしまうと主張して来た。

例えば、スハルト政権は東ティモール人の抵抗勢力をすべて、ポルトガル植民地主義を引きずった共産主義者、あるいは秩序破壊分子の代名詞である「フレテリン」と呼ばせていることからも明らかだ。これは、現在の「東ティモール民族抵抗評議会」（ＣＮＲＴ）のことを、未だにフレテリンと呼ぶことで、一般のインドネシア人や詳しい事情を知らない東ティモール人の反発を招こうというねらいが隠されているとされる。

この間、スハルト政権は国防・治安維持だけでなく、政治、経済、社会の全般にわたって国軍（二七万八〇〇〇人）を国家の中心に据えた体制を確立する。ゴルカルと呼ばれる翼賛組織で、国軍兵士は原則として全員がこのメンバーになる。これにより、地方行政の半分が軍出身者で占められ、現在も国会五〇〇議席のうち一〇〇議席は国軍の任命議員となっている。

この軍を背景にスハルト政権は東ティモールへの圧政を継続したわけだが、九八年五月、退陣に追い込まれた。九九年六月の総選挙で与党ゴルカルは苦戦、初代スカルノ大統領の長女、メガワティ女史が率いる闘争民主党が三三・七％の得票率で勝利を収める。スハルト大統領の後継者、ハビビ大統領は同年八月、国連の調停を受け入れて東ティモールの独立の可否を問う住民投票を実施。国連東ティモール派遣団（ＵＮＡＭＥ）は、九月四日、有効投票四三万八九六八票のうち、自治案拒否（独立支持）三四万四五八〇票、同案支持九万四三八八票だったとの開票結果を発表した。

これによって、東ティモールの分離・独立が実現したが、国軍に操られた民兵組織がディリなどで発砲、放火、略奪を重ねてキリング・フィールドと化し、難民が流出する騒乱状態に陥ったため、ハビビ大統領は東ティモールに戒厳令を敷いた。この事態に、国連は九九年九月、オーストラリア軍を中心とした多国籍軍（国連東ティモール・ミッション＝ＵＮＡＭＥＴ）を展開して、避難民を救援する一方で併合派を武装解除するなど、全土を制圧したため、国軍は十月三十一日、全面撤退。国連が一九九〇年から二〇〇〇年までを「植民地主義廃絶の一〇年」とした理想の一つが達成された。

三　民族独立のドミノ現象――アチェ、モルッカ、イリアンジャヤ

スマトラ島北部のアチェ特別自治州は、バンダ・アチェに州都を置き、面積五九〇〇平方キロメートル、人口約四五〇万人。十二世紀ごろから、イスラム教の東南アジアでの伝播拠点となり、十六世紀以降、「アチェ王国」として栄えた。一九四九年のインドネシア独立後、人口の約六〇％を占めるアチェ族はイスラム国教政策を取らない政府に反発して分離・独立を主張して反乱を起こした。

これに対し、スカルノ大統領は五九年、将来の独立の含みを持たせ、宗教などの大幅な自治権を持つ特別自治州にした。

しかし、六七年のスハルト政権発足以後、政府は豊富な石油・天然ガス、森林資源を収奪、移民政策で多数のジャワ人を送り込んだ。これに対し、ハッサン・ティロが七六年、反政府独立ゲリラ組織「自由アチェ運動」（ＧＡＭ）を結成して独立を宣言したが、インドネシア軍の徹底弾圧で潰された。その後、「アチェ・スマトラ国民解放戦線」などが武装闘争を強化したため、政府は八九年、アチェを国軍による「軍事作戦地域」（ＤＯＭ）に指定、苛烈な弾圧を行った。

このDOMは九八年のスハルト政権崩壊まで一〇年間続き、村々は焼き打ちされて男たちは連行・拷問の果てに処刑、女性たちは乱暴され、この間に殺害された住民は一三〇〇―五〇〇〇人に上るとされる。九九年になって、東ティモールの動向に刺激を受けたゲリラ活動が再び活発化し、スウェーデンに亡命中のハッサン・ティロを指導者とするGAMがアチェ独立を宣言して国軍とゲリラの衝突が激化する。こうした事態に九九年九月の任期切れ直前、ハビビ大統領は、アチェの天然ガス収入の取り分を二〇%から七五%に引き上げ、イスラム教に則った法律を認めるなどの譲歩を示した。

ワヒド大統領も軍のナンバー二ポストや人権担当閣僚にアチェ出身者を起用、「東ティモールでできたことが、なぜアチェでできないのか」と、住民投票に前向きの発言を行った。大統領の真意は、「国家の分裂」を促進する独立を回避するためにはどのような条件が必要なのかを問い、武力衝突の自制を呼びかけることにあったとされる。しかし、逆にアチェは独立気運を刺激され、いちだんと闘争を激化させている。

四　独立要求のマグマを生んだもの

第一は、インドネシア政府が進めた移民政策で、地元民と入植者の利害が衝突したことにある。スハルト政権は東ティモールだけでなく、アチェ、モルッカ諸島、イリアンジャヤ州、東・西カリマンタン州などに、ジャワ島に住むジャワ人を入植者として送り込んだ。

この移民政策は、日本の明治時代の北海道への屯田兵と同じく、ジャワ島の過密な人口の一部を、住民の少ない島に送り込んで開拓させるのが目的だった。しかし、移民政策のねらいは食糧増産だけでなく、インドネシアの国家としての統合や利用の開発にもあった。このため、移民のなかには、教師や土木、電気技師らも多く含まれてい

図５－２　インドネシアの係争地

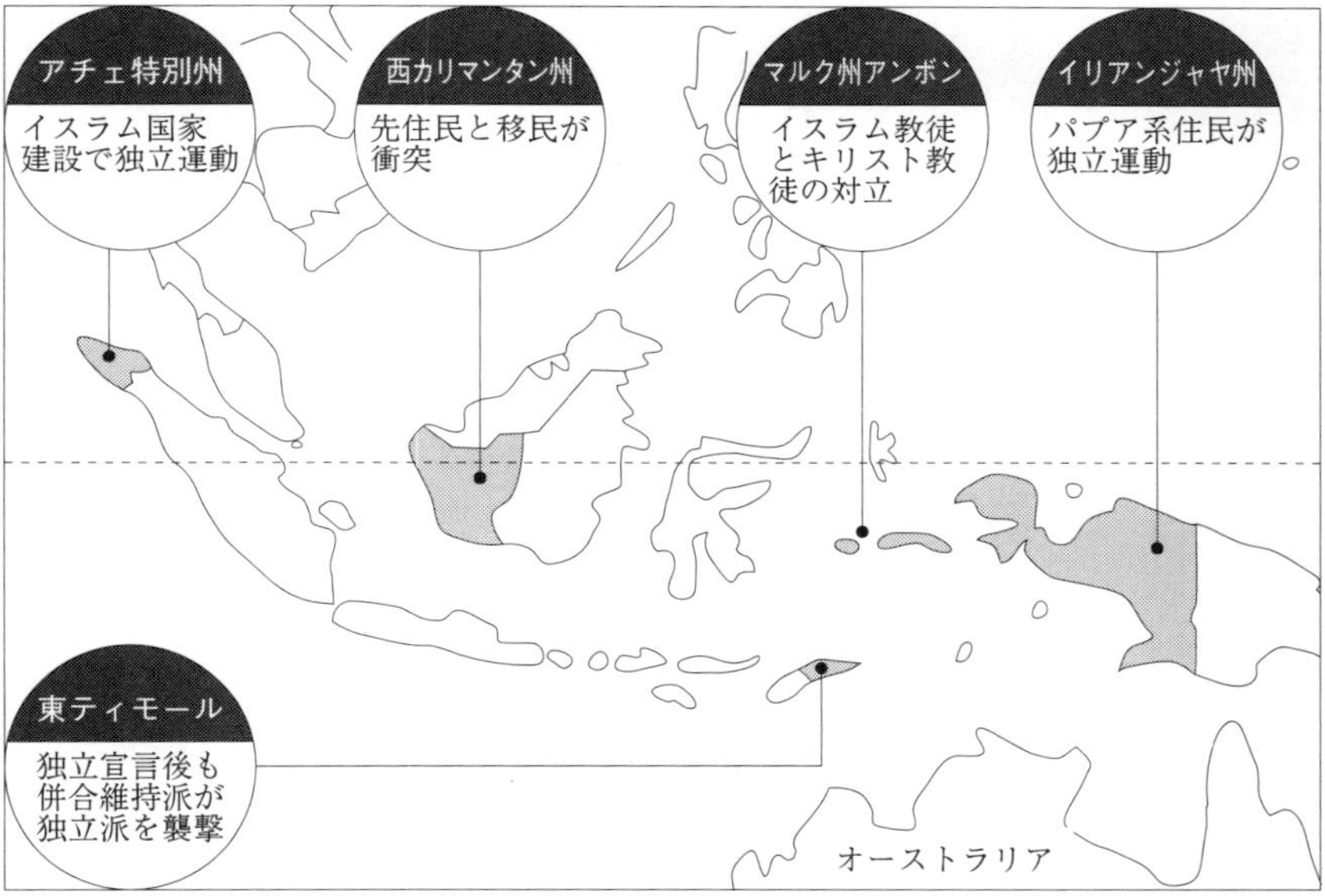

た。

教師は、統一言語のインドネシア語を全国民が読み書きできるよう、同化するために僻地に派遣され、各島々の教師、医師、公務員、技術者はほとんどがジャワ島からやって来た移民だった。だが、こうした移民政策は、啓蒙と同時に、先住民である島民にとっては「侵略者」の側面も併せ持っていた。

入植者たちは強引に先住民の土地の一部を開墾して家を建て、畑を作り、近代的なやり方で多くの収穫を得るようになり、伝統的な農法を守る先住民と対立していった。移民たちはこうした軋轢に対して、軍と警察という国家権力を背景にしており、先住民たちは手も足も出せなかった。こうして、インドネシアは八〇年代までに、すみずみまでインドネシア化（ジャワ化）していった。これが、インドネシアの近代化でもあった。

しかし、こうした強権による移民政策、民族統合は、九八年五月のスハルト体制の崩壊とともに、急速に崩壊の道をたどることになる。つまり、これまでは軍と警察が抑え込んで表面化しなかった新旧住民同士のいさかいが方々で爆発し、殺戮へとエスカレートした。

第二は、宗教対立である。四九年に独立したインドネシアは、全体としては約九五%がイスラム教徒で占められている。他の宗教への配慮から、イスラムを国教とはしなかったが、「宗教を信じない者は共産主義者である」との烙印を押されることもある。

しかしながら、東ティモールやティモール島の北方にあるモルッカ諸島などの住民は、インドネシアの独立以前からキリスト教に帰依していた。そこへ、イスラム教徒である移民が入植、深刻な宗教対立を芽生えさせることになった。

例えば、東ティモールでは、住民の八〇%がカトリック教徒だ。しかもローマ教皇庁がインドネシアによる併合を認知していない証しであるかのように、インドネシア教区ではなく、バチカン直轄区だ。このため、住民たちは移民の急増で、島がイスラム化されることを恐れていたし、実際にカトリックからイスラムへの改宗を迫られるケースも多発していたとされる。

また、モルッカ諸島はかつて、香辛料の世界的産地として知られ、五〇〇年近く、ポルトガル、オランダの植民地支配を受けた関係から住民の半数はキリスト教徒だった。しかし、オランダの統治下でキリスト教徒の多くは下級役人、軍下士官、警察官、教師などに採用され、イスラム教徒は農業、漁業に専従していたため、目立った対立は起きなかった。

独立直後、マルカ州の中心都市アンボンでキリスト教徒たちがインドネシアに組み入れられるのに反抗して独立を目指したことがあった。だが、圧倒的な武力を持つ軍に制圧されてしまい、以後、スハルト政権の移民政策でジャワ島や隣のスラウェシ島からイスラム教徒が入り込んでからも維持された。

アンボンが微妙なバランスを保ってきたのは、インドネシアの地方統治政策と結び付いていた。というのは、インドネシア政府は税金の七〇―八〇％を国庫収入とし、日本のような地方交付税制度はない。そこで、各地方は有力なコネを使って中央政府の事業費を配分してもらうのだが、アンボンではキリスト教とイスラム教の二つのコミュニティーが別々に中央とのパイプを作り、公共事業の利権を確保していたからだとされる。

ところが、九七年に就任したイスラム教徒の州知事は、それまでの不文律を破って副知事らトップ三人をすべてイスラム教徒で独占、対立が始まった。キリスト教徒たちは公共部門から締め出され、民間企業もイスラム教徒が支配しており、ジャカルタへの出稼ぎを余儀なくされた。こうした不満が九八年十二月、「ジャカルタでアンボン人のキリスト教徒がモスクを破壊した」という噂に対抗して、アンボンでイスラム教徒によるキリスト教徒経営の賭博場焼き打ち事件に発展、双方が血みどろの衝突を繰り広げる事態となった。

しかも、軍はイスラム教徒には「キリスト教徒の襲撃で多くの人々が死んだ」と伝え、キリスト教徒には逆のことを教えるという組織的な扇動を行い、騒乱を煽ったとされる。その背景にはワヒド政権によって弱体化されるのを恐れる軍が混乱を拡大させることで自らの政治力維持を図ったとされ、現実に軍はデモ鎮圧にあたってゴム弾ではなく、実弾を発射して多くの死者を出した。

五　インドネシアの民族運動の行方

東ティモール、アチェの民族自決闘争は、イリアンジャヤ州、リアウ州、東カリマンタン州などにも飛び火して、独立あるいは自治権拡大を要求する声が高まっている。東カリマンタン州議会は、州内資源収入の七五％配分や連邦制導入を決議、こうした動きがインドネシア全土に波及するのは時間の問題と見られている。このため、ワヒド政権内部には、連邦制導入も止む無しとの意見が出始めており、大小一万六〇〇〇あまりの島と三〇〇以上の民族集団から成るインドネシアは歴史的な転機を迎えている。

しかし、こうした急速な民主化と地方自治拡大の動きには、大きく三つの課題がある。

第一は、議論がまだ、熟していないということだ。つまり、それぞれの地方では、反中央政府・反国軍・反ジャワ人感情や損得計算だけから性急に住民投票を要求している。十分な準備、教育もせずに投票を行っても一般住民が正しい判断を下せるだろうか。一方、中央政府でもワヒド大統領と他の政府幹部との間で自治権拡大、連邦制について意見の相違も伝えられる。九九年四月に国会を通過した地方自治法、財政分配法が二〇〇一年から施行され、国防、外交、裁判、財政・金融、宗教以外の分野での大幅な自治権が地方政府に与えられる。また、石油・天然ガス収入の一定割合が地方に配分され、実質的は連邦制に限りなく近い制度が発足する。にもかかわらず、各州が分離・独立を求めれば、中央政府はどう対応するのか。

第二は、各州間の経済的格差拡大の問題だ。独立あるいは自治権拡大を要求している各州は石油、天然ガス、木材、鉱物資源などが豊富で、分離されれば、他の貧しい州はさらに困窮するからだ。こうした貧しい州への財政収入の配分は、内外に多額の債務を抱える中央政府の赤字をさらに増大させることになる。

第三が、地方政府の行政統治能力の問題だ。インドネシアではこれまでの中央集権化のために、地方に人材が育っていない。地方の産業振興、経済・社会インフラ整備を担いうる人材を育成するには時間がかかり過ぎるし、ジャワ島に流出した人材の早急な還流が求められよう。

この他にも、アチェやイリアンジャヤの独立は東南アジア全体の安全保障、総合的経済開発の不安定材料となる可能性も否定できない。利害がからむ多国籍企業や近隣諸国も、新たな政治・経済関係を確立していく必要に迫られる。実際、東ティモールは三―五年の独立移行期間中、国連東ティモール暫定統治機構（ＵＮＡＭＥＴ）が暫定統治することになっているが、天然ガスなどの資源に恵まれたアチェとは異なり、東ティモールにはさしたる産業もなく、独立国としてやっていけるかどうか、疑問が多い。このため、国際社会は九九年十二月、東京で「東ティモール支援国会合」を開き、復興開発資金援助として日本の一億ドルを始め、五十数カ国が三億七〇〇〇万ドルを拠出することを決めた。また、西ティモールには併合派民兵の虐殺を恐れて脱出した一〇万人以上の東ティモール難民がいるが、日本の自衛隊機などが救援物資の輸送にあたっており、これら難民救援活動も急務となっている。

こうしたことから、イスラム教の長老ではあるが、政治経験の少ないワヒド大統領は、行政の長としての首相をおく意向を示しているが、今後は独立運動勢力と対話ができる状況を創り出し、国内の安定化に努める手腕が求められる。

（二〇〇〇年八月三十一日）

参考文献

『アジア読本　インドネシア』河出書房新社、一九九九年。

『現代アジアの肖像　スカルノとスハルト』岩波書店、一九九八年。

高橋奈緒子・益岡賢・文珠幹夫『東ティモール――奪われた独立・自由への闘い』明石書店、一九九九年。

古沢希代子・松野明久『ナマクロ・東ティモール民族独立小史』日本評論社、一九九三年。

呉YMCA東ティモール問題を考える会『評論社ティモール通信』第一号、一―三四ページ。

島田いく郎『悲劇の島・東ティモール、その自然と人々』築地書館、一九九〇年。

後藤乾一『濠亜地中海の国際関係――ポルトガル領ティモールをめぐって』岩波書店、一九九五年。

青山森人『抵抗の東ティモールを行く』社会評論社、一九九五年。

『産経新聞』二〇〇〇年八月二十八日「東ティモール独立投票から一年」など。

第6章

アジアの地域安全保障（2）
――ミャンマー

大田 明彦

はじめに

ミャンマーは、人口四六〇〇万人。全体では一三五民族（表6-1）に分かれており、六九%がビルマ族、残り三一%のうち、シャン、カレン（カイン）、アラカン（ヤカイン）、モン、チン、カチン、カヤーの七民族が、自治・独立を要求している。七民族は、軍事政権「国家平和開発協議会（SPDC）」との交渉で、一時的に和解しているが、本質的にはミャンマーからの分離・独立を志向している。国軍（タマドウ）が分裂阻止の要になっているミャンマーの実態を解明する。

一　悲劇の民族カレン族

カレン族は、ミャンマー南東部のコートゥレー、カヤ両州に住む。人口百数十万人を数え、少数民族のなかで、最大とされる。しかし、住民の多くがキリスト教の影響を受け、イギリスの植民地支配に協力したのが「カレンの

表6－1　ビルマ135民族（タインインダー・ルーミョー）

	民　　族　　名
カチン群（12）	カチン，カヨー，ダラウン，ジンポー，ゴーリー，カク，ドゥイン，マル(ロンウォー)，ラワン，ラシ(ラチ)，アズィ，リーショー(リス)
カヤー群（9）	カヤー，ザヨウン，カヤン(パダウン)，ゲーコー，ゲーバー，パイエー(カヨー)，マヌマノー，インタレー，インボー
カイン群（11）(カレン)	カイン，カインビュー，パレジー(カレジー)，モンカイン，サゴーカイン，タフレープワー，パクー，トゥエー，モネプワー，モーネープワー，ポーカイン
チン群（53）	チン，メタイン(カベー)，サライン，カリントー(リシェー)，カミ，オーワカミ，コーノー，カウンソー，カウンサインチン，クワーシン，クーリ，ガンベー，グエーテー，ングン，シサン，シンタン，サインタン，ザタウン，ゾートン，ゾーペ，ゾー，ザンニイッ，ダバウン，ティテェイン，テーザン，タインチュウン，タドー，トー，ディン，ダイン(インドゥー)，ナーガ，タンドゥー，マイン，パナン，マカン，マフ，ミヤン，ミエ，ムイン，ルシャイン(ルシェー)，レーミョー，リンテー，ラウットゥ，ライン，ラインゾー，パキン，フワーゴー，アヌー，アナン，ウプー，リャイントゥ，アショーチン(ミィエピャン)，ヤウントゥ
ビルマ群（9）	バマー(ビルマ)，ダウェー，ミェイッ，ヨー，ヤベイン，カドゥー(コウンクー)，ガナン，サロン，ポン(プン)
モン群（1）	モン
ヤカイン群（7）(アラカン)	ヤカイン，カマン，カミー，ダインネッ，マヤマジー，ミョー，テッ
シャン群（33）	シャン，ユン(ラオー)，クイ，ピィン，タオー，サノー，パレー，イン，ソン(サン)，カムー，コー(アカ，イコー)，コーカン，カンディー・シャン，ゴン(クゥン)，タウンヨー，ダヌ，パラウン，ミャウンジー，インチャー，インネッ，シャン・カレー，シャン・ジー，ラーフー，ルエラ，インダー，アイトゥエー，パオ(タウンドゥー)，タイ・ルエー，タイ・リャン，タイ・ロン，タイ・レー，マインダー，モー・シャン

（注）　ここでいう群とは行政単位の区分名と重なっている。

（資料）　1983年国勢調査による。

悲劇」の始まりだった。カレン族は第二次世界大戦後、イギリスの支持で独立を果たそうとしたが、失敗。以来、外国勢力を排除、鎖国政策をとる軍事政権から疎まれ、多数派を占めるビルマ族との感情を越えた対立の呪縛から解き放たれずにいる。

筆者は、九三年一月、半世紀にわたって独立闘争に挑み、民族の生存を賭けるカレン国民同盟（ＫＮＵ）の本拠地マナプロウに潜入したことがある。ＫＮＵは軍事政権との対決姿勢を鮮明に打ち出し、他のゲリラ組織とも連携して武装闘争を継続していた。だが、マナプロウにはマラリアがまん延、若い兵士たちは打ち続く戦闘で次々に腕や足を失い、弱りきった身体で闘争心だけをみなぎらせていた。

図６－１　マナプロウで会見したカレン民族解放軍のボー・ミャ議長（中央，左は筆者）

「われわれカレン族を取り巻く状況は日増しに厳しくなっている。団結を強め、独立を勝ち取るその日まで、ともに戦おう」。壇上のＫＮＵ議長兼カレン民族解放軍（ＫＮＬＡ）司令官ボー・ミャ将軍が「第四四回ＫＮＵ革命記念日」に集まった約一〇〇〇人の兵士や国民民主連盟（ＮＬＤ）、全ビルマ学生民主戦線代表らに訴えた。

きちんとした制服に身を包んでいるＫＮＬＡの兵士は一〇〇人余りだった。二〇歳前後の精鋭が中心だが、なかにはあどけない童顔の少年兵が混じる。演説に聞き入る参加者には地雷で脚を失い、義足の兵士も少なくなかった。出席者の一人は「年々、参加者が減っていくのが辛い。三年前は三〇〇〇人はいたのに」と、ため息を漏らした。

ＫＮＵの聖地、マナプロウはゲリラの本拠と言うには、意外に小さく、ひなびた山村の趣が漂っていた。サルウィン川とモエイ川の合流地点のすぐ上流に位置した後背地に築かれ、川とジャングルに囲まれている。午前中は川霧が立ちこめて村全体をミルク色のベールが覆い、天然の要塞になる。

マナプロウへは、タイ側のメサリアンからトラックの荷台にしがみついて山を越え、川底を走って約二時間。さらに舟外機のついた小型ボートで約二時間の道程だった。無論、ビザはない。同じボートには、マナプロウ地区司令官らカレン族四人の他、タイの国境警察官が乗り合わせ、一瞬、緊張した。しかし、当時は警官はまったく知らんぷり。司令官を始めとする両岸の住民が自由に国境を往来しても関心を見せず、両国の間に厳密な国境意識が希薄なことをうかがわせた。

カレンの〝独立闘争〟の苛烈さは、川沿いに建てられた病院で実感させられた。ヤディニ病院はマラリア専門。三六床しかないのに、五一人が入院していた。看護婦のノサラさんに案内してもらったが、薬品棚はほとんど空っぽ。板敷きの粗末なベッドに力なく横たわるジョー・ウィンさんは、生後三カ月の長女とともに、難民キャンプから運び込まれたばかり。父娘ともにマラリアで、きわめて危険な状態だという。ノサラさんによれば、ここでは一カ月に三、四人ずつが手当の甲斐なく死亡しているそうだ。うつろな目で医師の巡回を待つ、ジョー・ウィンさん父娘の姿が、カレンの将来を暗示していた。

トゥワル病院はさらに悲惨だった。三一人の患者はすべて、脚か腕が地雷に吹き飛ばされてない。兵士のナディさんは一カ月前に、サルウィン川上流の戦闘で左脚と左目、右手の指二本を失った。農業をしていたが、ミャンマー政府軍が家を破壊して、米を強奪した上、ポーターを強制されたため、KNLAに志願したという。

かたわらで病人の世話をするモムウェセ君は少年兵。モムウェセ君も兵隊に家を壊されて住む所が無くなったのが志願の動機だった。「まだ、小さいので前線には行ったことがない」そうだが、彼が銃を持つ日が近いことは確かだ。それは、どの負傷兵も「治ったら、自由と独立のために戦う」と、残る腕でポーズをとったことでも明らかだ。

トングー地区議長を努めるチャールズ・タダ氏はラングーン大学卒のインテリだ。ヤンゴンで高校の教師をしていたが、反政府活動に加わって免職になり、七一年からKNUに参加したという。「見よ、東海の空赤く」と、日本の軍歌まで口ずさんで親日家ぶりを見せていたタダ議長が急に姿勢を改めて言い切った。

「日本などの大国が経済制裁を課せば、軍事政権は弱体化する。日本の援助が軍事政権を支え、それがわれわれへの圧政となってはね返っている現実を直視して欲しい」と。闘争心だけは衰えを知らないかのようだ。

歴史の流れに抗ってまで、独立を達成しようと願うカレンに輝く明日は来るだろうか。現地で、ボー・ミヤ議長にインタビューした。

軍服姿の議長はまず、軍事政権が招集した新憲法制定のための国民会議について「軍事政権が国際社会を欺くために開いたまやかしだ」と一蹴、軍事政権が発表した少数民族ゲリラに対する和解策も「真っ赤な嘘だ」と、対決姿勢を鮮明にした。

当時の戦況について、同議長は「現時点では、戦闘は停止している」と、国民会議終了後に軍事政権が再び攻勢に出る可能性を強く示唆した。また「政府軍はカレンの村を焼き、村人を強制移住させるなどの蛮行を続けている。サルウィン川沿いのメセフェリという村では、家屋をすべて焼き打ちし、住民の財産を強奪した」と非難した。その上で、同議長は「KNLAと政府軍では装備、人員とも大きな差があるが、われわれは民族の権利を守り抜くために闘ってきた。必ず勝利すると信じている」と、強調した。

こうしたボー・ミヤ議長の考えは、多民族国家ミャンマーにおいて、独立を志向するすべての民族の基本的な立場を代弁したものと言える。敬虔なクリスチャンで、カレン民族から象徴的存在として敬愛を集めているボー・ミヤ氏は一九二七年一月生まれの七三歳（二〇〇〇年八月現在の年齢としました）。「民族独立闘争の父」として慕われていたが、内部の路線闘争に敗れ、副議長に降格された。

カレン族は現在も軍事政権による少数民族殲滅作戦に抵抗を続けているが、一九九五年一月にはマナプロウが陥落するなど、厳しい立場に立たされている。このため、九九年十月には、KNUの一分派である「神の軍隊」を名乗るグループがタイ・バンコクのミャンマー大使館占拠事件、二〇〇〇年一月にはタイ・ラチャブリで病院占拠事件を引き起こした。

二　各民族の闘い

現在、タイ国境には約一二万人、バングラデシュ国境には約二〇万人の難民が軍事政権の苛酷な圧政と戦火とを逃れ、避難生活を送っている。

ミャンマー国軍は五〇万人規模の兵力を持ち、国家予算の半額を軍事目的に支出しているとされる。軍事政権は、少数民族勢力の多くが停戦に合意したと発表しているものの、一度締結された協定が、軍事政権側の苛酷な要求に反発する少数民族側に破棄されるケースもあり、不安定な要素を残している。また、停戦地域では少数民族固有の文化的権利が抑圧され、全土の「ミャンマー化」が徐々に進行しつつある。

国軍による無差別襲撃や村落の焼き打ち、ゲリラとの関係を疑われた拷問などによる殺害もおびただしく、死亡者の約九割が女性・子供を含む非戦闘員とされる。また、軍事政権による強制労働、強制移住の被害は年間二〇万人から五〇万人程度と推定されている。特に、山岳地域では地域住民の男女がポーターとして駆り出され、重い荷物を担いで山岳地帯を行軍させられる。彼らは弾除けあるいは人間地雷探査機として先頭を歩かされ、女性は夜間、兵士に集団暴行を受けることも珍しくない。強制移住が行われた後の村は、家畜、田畑、家屋も含めてすべてが焼き払われ、さら地の状態にされる。

こうした圧政に敢然と立ち向かっていたのが、アヘン密売で得た豊富な資金で一時は「シャン州独立軍」を率いていた「麻薬王クンサー」だ。ただ、クンサーの目的は「独立よりも麻薬利権の確保」にあったとされ、九〇年代前後まで、軍事政権に抵抗を続けていたが、アメリカ政府がミャンマー対し、国際社会復帰の条件の一つとして、麻薬根絶を働きかけたため、軍の猛攻を受けた。当時、在ミャンマー大使館に勤務していた西側軍事筋は「各国の外交武官団に戦闘地区を視察させてくれたが、ゲリラの基地になっている山を完全に包囲し、その山ごと戦闘機爆撃や集中砲火を浴びせるやり方で攻撃を仕掛けていた。山には一木一草も生えておらず、さら地になっていたが、あたり一面に死臭が漂い、戦死者を埋めたのは確実だった。あれだけの攻撃を受ければ、基地は完璧に破壊されるし、クンサーの部隊がほぼ壊滅させれらたことが分かった」と語ってくれた。

その後、九五年になってクンサーは軍事政権に投降、今もヤンゴンの軍関係施設に保護されている。少数民族問題は麻薬をめぐって国際問題に発展する要因もはらんでいるのだ。

一方、バングラデシュ国境に逃れているのは、アラカン州のイスラム教徒、ロヒンジャー族だ。アラカン州はイスラムのロヒンジャー族と仏教徒のラカイン族が住んでいるが、両者の関係は良好ではない。ミャンマーは人口の九〇％が仏教徒で占められていることから、軍事政権はロヒンジャー族を圧迫、七八年に二〇万人、九一年から九二年にかけて三〇万人がバングラデシュに脱出した。

国連難民高等弁務官事務所（ＵＮＨＣＲ）によれば、ロヒンジャー族の脱出の原因は①市民権の欠如、国籍の延長書き換えの不認定、②ミャンマー当局による移動の制限、③強制労働と軍のためのポーター、④強制的な食物寄付、ゆすりと恣意的課税、⑤土地没収、あるいは移住、⑥高い物価と食糧（米）の欠乏、の六点を挙げている。

このため、ＵＮＨＣＲはバングラデシュ側に収容所を開設させる一方で、軍事政権に難民帰還受け入れを働きかけた。しかし、バングラデシュは世界最貧国の一つに数えられるだけに、経済的に困窮しており、同じムスリム（イスラム教徒）といえども十分に受け入れるだけの態勢にない。このため、ＵＮＨＣＲの係官はもっぱらミャンマーへの帰還を勧めているが、帰国した難民を待っているのは、軍事政権による強制労働の日々だという。実際、軍事政権は九六年には反イスラムキャンペーンを展開、全土でムスリムに対する迫害、モスクの破壊が相次いだ。しかし、東南アジア諸国連合（ＡＳＥＡＮ）諸国は「建設的関与」政策のもとで、各国が抱える内政問題への関与を避ける政策を採っているため、ロヒンジャー族はマレーシアやインドネシアなど同じイスラム諸国からの支援を受けられずに孤立化を深めている。

三　ミャンマーの歴史

ここで、ミャンマーの歴史について簡単に触れておきたい。ビルマ族の起源は、現在の中国・甘粛省あたりのチベット東部とされ、十一世紀になって移住してきた。それまでこの地はパオ、モン族の〝タトン王朝〟が栄えていた。ビルマ族は先住民族を次々に従えてビルマを征服、一〇四四年、アノーヤター王が〝パガン朝〟を創設して以来、タウングー王朝、コンバウン王朝と三次にわたる王国を築いた。

十九世紀後半になって、ビルマ王朝はイギリスとの闘いに敗れ、一八八六年、英領インドに編入された。イギリスは植民地統治に反抗したコンバウン王朝のビルマ族を嫌い、チン、カチン、カレン、シャンなどを直轄領にしたが、ビルマ族には軍事訓練をさせないなど、徹底的に抑圧した。他方、管理者には少数民族を重用する分割統治策をとり、これが現在までも続く諸民族間の憎悪を生む主要な要因になったことは言うまでもない。

二十世紀に入り、日露戦争に日本が勝利したことに触発された若者たちが青年仏教徒協会を立ち上げたが、イギリスの弾圧で成果を挙げるには至らず、その後のサヤサン革命も失敗に終わった。そうしたなか、アジア進出を目論む日本は、英米連合国が蔣介石を助けるために設けた援蔣ルートを絶つために独立運動を利用する戦術をとり、日本軍主導の「南機関」がアウンサンら三〇人（三〇人の志士）を日本などで軍事訓練した。ビルマ独立義勇軍は、日本軍とともに各地で英印軍と戦ったが、日本はイギリスに勝っても約束を反故にしてビルマの独立を認めなかった。

このため、アウンサンらは一九四五年、今度は反ファシスト人民自由連盟を組織して抗日闘争を開始、四八年になってようやく念願の独立を勝ち取った。しかし、内部対立から国家指導者アウンサンが暗殺されたため、政治的には分裂状態を回避できず、国内ではイギリス植民地時代に享受していた特権を奪われた少数民族が反乱を起こすなど政情不安は日増しに加速した。こうした事態に、軍司令官だったネ・ウィン将軍は六二年、クーデタを決行、革命評議会は議会を解散して軍部独裁体制を樹立するとともに、ビルマ社会主義計画党（ＢＳＢＰ）による一党独裁を固めた。しかし、急激な銀行や鉱工業、流通の産業国有化、鎖国体制、経済統制によってモノ不足、失業問題が悪化した。

八八年、低迷する経済に鬱積した国民の不満が一挙に爆発、学生運動に端を発した民主化要求運動は全国に拡大、二六年間にわたったＢＳＢＰによる一党支配体制が崩れた。この事態に再び軍が全面に出て実権を掌握、ソウ・マウン大将を議長、キン・ニュン中将を第一書記とする「国家法秩序回復評議会（ＳＬＯＲＣ）」を設立、一方で民主化勢力はアウンサン・スー・チー女史を書記長とする「国民民主連盟」（ＮＬＤ）を結成して対抗した。

その後の総選挙でＮＬＤが圧勝したにもかかわらず、ＳＬＯＲＣは政権移譲を拒否、ＮＬＤ関係者を逮捕、拘禁したが、周辺諸国への配慮などから九五年にアウンサン・スー・チー女史の自宅軟禁を解除した。また、日本の援助などもあって経済が回復基調に乗ったのをうけて九七年にはＡＳＥＡＮ加盟を果たし、ＳＬＯＲＣを解散して国家発展平和協議会（ＳＰＤＣ）を設立した。

四　タマドウの圧政

ビルマ語で軍のことを「タマドウ」と呼ぶ。そのタマドウは八八年から現在に至るまで、軍事独裁政権を継続している。九三年ごろ、軍事政権は国内民主化に取り組む構えを見せたことがある。しかし、国際社会の圧力にもかかわらず、スー・チー女史の自宅軟禁を続けたため、外国からの援助がすべて停止、国民生活はどん底に陥った。

軍事政権による鉄の支配が続く首都ヤンゴンの目抜き通りでは、なんとも場違いな感じのする看板が目を引く。さまざまな民族衣装に身を包んだ国民と制服姿の軍人が手を取り合って、新憲法制定の喜びを分かち合っていた。「タマドウ（国軍）は国を裏切らない。帝国主義者を撲滅せよ。地上と地下の敵に気を付けよう」と、ビルマ語で書かれていた。九三年一月九日から旧大統領官邸で開いた「国民会議」でも、これとまったく同じ光景が現出した。出席した代議員は合計六九九人。国民民主連盟（ＮＬＤ）など一〇の合法政党から四八人、九〇年の総選挙で当選した国会議員一〇六人、少数民族代表二一五人、まではっきりしていたが、残りは労働者、農民、知識人、官僚、軍人だった。

代議員総数は七〇二人だったから、出席率は九九・四％。カラフルな民族衣装のカレン、カチン、シャンなどの代表に混じって、牛の角をあしらった帽子をかぶった少数民族も招かれていた。伝統的なロンジー（ミャンマーの民族衣装）姿が大半を占めるなかで、カーキ色の軍服姿は三〇人まで確認できた。

代議員を前に演説した軍事政権のミョ・ニュン少将（宗教相兼ヤンゴン地区司令官）は、新憲法の基本原則には「国家の統一」「国民の連帯」を盛り込むことを強調するとともに「国軍の役割を明文化することだ」と言い切った。

外国人記者団に配布された演説文は英文で二二ページに及ぶ、膨大なものだったが、控えめに見ても六〇％は「タマドウの過去の業績と将来、担うべき役割」で占められていた。同席の外交団からは「民主化へ明確な姿勢を打ち出す時に、あまりにも無神経かつ、時代遅れだ。これで国軍がなにをねらっているのか、はっきりした」との声が漏れた。

しかも、会議は二日目に突然、休会が宣言されて「地元で意見を集約して来てもらいたい」との指示に会場はどよめき、地方からの代議員は戸惑うばかり。休会の理由について「軍事政権内部の意見の対立」などの憶測も流れた。だが、実際は「代議員はなんの資料も、予備知識もなく、カン詰めにして憲法の基本原則づくりができる訳がないことに気付いて、あわてて民主的な手続きを進めようとした」（ヤンゴンの外交筋）ようだった。

軍事政権は九二年四月のソウ・マウン議長からタン・シュエ議長への交替後、この国民会議に向けて、さまざまな柔軟化政策をとっていた。戒厳令の解除や少数民族ゲリラへの一方的攻撃中止、政治犯の釈放などで和解ムードづくりに努力した。政治犯については、九三年一月初めまでに一二二一人が釈放されたが、なお獄中にある人々は軍事政権が記者会見で認めただけでも約一〇〇人もいた。

野党関係者によれば「釈放されたのは、転向を誓った者だけだ。国民会議などという茶番劇への出席者も、事前に軍事政権の資格審査をパスした者だけに限られていた」そうで、同時期に国民会議に反対するパンフレットを配布した反体制活動家一四人が逮捕されていたことが発表された。

ミャンマーは独立以来、なん度も分裂の危機にさらされたが、その都度、軍が中心になって主権を守ってきたことは事実だ。国軍の役割と責務が当面、重要なことは確かであり「過渡期には、弱い文民政権よりも強い軍事政権が必要だ」（政府関係者）との議論も耳を傾けるべきかもしれない。しかし、軍事政権が政権に固執しないのであれば、その疑惑を晴らすべく、議会制民主主義に近づく努力を見せる場でもあったのに、逆に軍政延長とすら受け

図6－2　インタビューに応じるキン・ニュン第1書記

取られかねない演説をしたところに「武断政治」に慣れた軍事政権の未熟さが見てとれた。

ヤンゴンの外交筋によれば「国軍を掌握しているのはタン・シュエ議長だが、真の実力者はキン・ニュン第一書記だ」という。軍事政権は当初、軍のトップ九人が閣僚をいくつも兼務していたが、九三年一月までに二九省庁に分割した。キン・ニュン書記は自分より上位の将軍が兼ねていた大臣ポストを「軍事政権の判断で分離する」というやり方で自らの腹心を送り込み、確実に勢力を拡大、「今や、第一書記の息のかかった閣僚は七割に達する」（同筋）とされる。

キン・ニュン第一書記は九四年一月、首都ヤンゴンの国防省で日本人記者団と会見したことがある。

約一時間の会見で、キン・ニュン第一書記はアウンサン・スー・チー女史が八八年に不法活動を行ったことを強調、「ミャンマーには人権侵害は一件もない。彼女の処遇はすべて、法律の規定に従う」と述べた。また、少数民族問題では「五億チャット（公定レートで約八三〇〇万ドル）を投じて周辺部の整備、開発を進めると同時に麻薬撲滅にも取り組んだ結果、すでに九組織が帰順した。カチン独立機構（ＫＩＯ）とは和平交渉で合意したし、カレン国民同盟（ＫＮＵ）も交渉の提案があるなど、すでに九組織が帰順している」と、自信を表明した。

ヤンゴンにそびえる多くのミャンマー人の信仰の象徴であるシェイダゴンパゴダには毎日、政治に期待を持てない市民が極楽浄土を夢見て詰め掛けている。そこで出会った元軍人は昔覚えた日本語で、「今のトップが変わらないと駄目だね。何も期待できないよ」と、軍事政権を批判した。スー・チー女史の父、アウンサン将軍が心血を注いで創設したミャンマー国軍が本来の任務に戻る日はまだ遠い。

五　ミャンマー経済

南国ミャンマーの朝は早い。そんな街角で、大衆食堂を見つけた。入り口で焼くナンの香ばしい匂い、マトン・カレーの香りが入り混じって食欲を刺激する。店内は出勤前の人々でごった返し、首都圏の私鉄沿線にある立ち食い食堂の雰囲気だ。

医大在学中、反政府活動で退学処分を受けて食堂を始めた経営者は「これからは、経済の時代。今の軍事政権幹部には分かっていない」と、なお反骨精神旺盛なところを見せた。しかし、メニューを見て驚いた。カレーが二五チャット、ナンが二チャット、紅茶が八チャットとある。九四年一月現在、チャットは公定で、一ドル六・二チャット（約一八円）だから、かなり高価だ。

外交筋によれば「ミャンマーでは公定レートは、あくまで建て前。外国人に強制するレートであって、実勢とは掛け離れている」という。下町のスーレー・パゴダ付近でしつこく迫るヤミ両替屋は、一ドル七〇チャットから、一二〇チャットまで幅があり、平均すれば一〇〇チャット位。つまり「実勢は一チャットが約一・一円」だそうだ。

しかし、八九年に二・五倍になったとはいえ、ミャンマーの公務員は大卒で初任給は七五〇チャット。局長級で二五〇〇チャット位だ。こうした食堂で毎朝、食事をして、一回三チャットのバスで通勤すれば、給料はすべて消えてしまう勘定になる。「五人家族の生活費は最低三〇〇〇チャット、平均五〇〇〇チャット」（同筋）からすれば、全然足りない。それでも、街で物乞いの姿はあまり見かけないし、飢え死にしたという話も聞かない。

別の外交筋に謎解きをしてもらうと、サラリーはきわめて低いものの、公務員は米や塩などの生活必需品は政府から配給を受ける。さらに、家族はほとんどが勤めているし、許認可のすべてに〝潤滑油〟として「賄賂」をもらうのが常で、これで不足分を補う。賄賂をもらう方も、出す方も、まったく罪悪感のないところがミャンマー式だ。

ミャンマー政府発表によれば、ミャンマーの国内総生産（ＧＤＰ）は軍事政権が全権を掌握した八八年度が一二〇億ドルだったのが、九七年度は一二五億ドルに、同一人当たりＧＤＰ二七〇ドルに漸増、実質成長率はマイナス一一・四％からプラス一・三％に回復したという。しかし、ミャンマーの主要産品は米、チーク材、宝石程度で、九八年度の貿易収支はマイナス一六億ドルで、対外債務残高は五〇億七四〇〇万ドル（九七年末）にのぼる。九九年度国家予算も歳入が六〇三億一四四八万ドルに対し、支出は六八四億四八六万ドルで八一億ドルの赤字だ。

六　ミャンマーの人権状況

国連経済社会理事会は九九年、第五六回人権委員会において特別報告官、ラジスーマー・ラフ氏がミャンマーの人権状況に関する報告を行った。報告は、軍事政権による少数民族への抑圧の実態を赤裸々に明らかにしつつ、民族の分裂と統合の相克を鋭くえぐり出している。

報告書は、

序文

Ⅰ　特別報告官の活動状況

Ⅱ　市民および政治的な権利の課題（Ａ．民主主義の統治の阻害要因／Ｂ．超法規的、即決、あるいは恣意的な処刑／Ｃ．結社の自由／Ｄ．司法行政）

Ⅲ　経済、社会、文化的な権利の問題（A．背景／B．貧困／C．食糧安保／D．蔓延しているエイズ・HIV／E．国家の教育／F．強制労働）

Ⅳ　ジェンダーの見地（A．女性に対する暴力／B．強制労働／C．恣意的拘留）

Ⅴ　結論と勧告

からなっている。

ラジスーマー・ラフ氏は報告で、政治的な抑圧および反政府派との実質的な政治対話の欠如が、ミャンマーの民主主義統治を阻害する主な原因である。ある特定のグループに対する大規模な移住政策、軍キャンプの仕事やポーターのための強制労働の継続的な実施、それから派生する人権侵害が難民発生の要因となっている、と分析している。

具体的な記述を元に検証すると、ⅡのAに関しては「反政府政党の活動が当局による苛酷で継続的な監視を受け、その活動が厳しく制限されている」という。具体的には、国民民主連盟（NLD）の幹部、一般会員は居住地を離れることを禁じられ、脅迫、個人的な嫌がらせ、家族への嫌がらせ、逮捕、拘留などに直面しており、九九年三月までに五〇以上のNLD支部が閉鎖に追い込まれたのを始め、モン族のモン愛国民主戦線の長老たちが相次いで逮捕され、NLDメンバー四万八〇〇〇人が脱退したという。しかしながら、彼らの人権を守るべき司法当局は軍によって統制（最高裁判事の軍による任命制など）されており、表現の自由、結社と集会の自由が法律に基づいて違法とされている。とりわけ、七五年制定の国家保護法が人権侵害の元凶であることを示している。

また、農村部に限らず、都市部でも国中に悲惨な貧困があふれ、栄養失調、幼児および母体の高い死亡率の原因となっている。その根源は、社会福祉の欠如などの政策の欠陥および非能率的な米穀生産機構が生んだものであると結論づけている。また、少数民族居住地域を中心にエイズが蔓延、エイズ国連共同プログラム（UNAIDS）

によれば、九七年末までに成人および子供の患者数は約四四万人と推定している。その遠因も麻薬取引に手を染める少数民族問題と同根だ。

教育に関しても、軍事政権は八八年事態の再発を恐れるあまり、大学を長期にわたって閉鎖、二〇〇〇年夏に一部でようやく再開している。民主主義回復要求に発展するのを危惧してのことだが、ミャンマーの教育費はＧＤＰの二・六％にすぎず、国家収入に対する教育への財政支出は世界最低水準にある。

ミャンマーの現状は「外国の援助が再開されて、社会基盤を整備しないと、経済活動の活性化はありえない」（現地商社マン）状況にあり、西側諸国は政情不安の解消と為替レートの健全化を求めている。

七　諸外国の対応

スー・チー女史の処遇は、軍事政権にとってあらゆる意味で「喉元に突き刺さったトゲ」だ。だが、ミャンマーはネ・ウィン政権以来「外国勢力による干渉を徹底的に排除し、国際紛争に巻き込まれることを回避するため、いかなる政治ブロックにも参加しない厳正非同盟中立政策」を基本路線としている。この延長が「外国で暮らし、苛酷な植民地支配を続けたイギリス人と結婚したスー・チー女史を認めない」という発想の原点にもなっているとされる。

また、ミャンマーは非同盟会議の創立時からのメンバーだったが、七九年のハバナ会議の運営に異を唱えて脱退、九二年のジャカルタ会議でようやく復帰したいきさつがある。しかし、九七年、軍事政権はＡＳＥＡＮ加盟を果たして国際社会に参入した。

これを受けて九九年三月、タン・シュエ（ＳＰＤＣ）議長がタイを訪問したり、キン・ニュン第一書記が同年六月に訪中。同年十一月にはインドネシアのワヒド大統領がミャンマーを公式訪問するなど、外交的孤立を脱却しつつある。

また、国連も九九年、アナン事務総長の代理としてデソト事務次長補が訪問、スー・チー女史や少数民族代表と対話、民主化を強力に働きかけている。しかし、在ミャンマーの外交筋によれば、「こうした改革開放の動きに国軍内部から不満の声が高まっており『タン・シュエ―キン・ニュン』ラインが窮地に陥る可能性も否定できない」としている。

「軍事政権の直接支配は、あと一〇年は続くだろう」（外交筋）とされる。二〇〇〇年八月現在、軍事政権は「少数民族問題で残るのはカレン族だけだ」と主張している。しかし、これは他の民族運動に対するあくなき弾圧の結果だ。

こうした少数民族に対する民主化弾圧に、欧米諸国はミャンマーへの経済制裁を継続しているが、軍事政権はロシア、インドなどに急接近することで苦境からの脱却を図っている。実際、ミャンマーからは、二〇〇〇年七月三日にウィン・アウン外相がロシアを初訪問したのを始め、キン・ニュン第一書記がパキスタンを訪れ、同じ日にインドのマリク陸軍参謀総長がヤンゴン入りした。また、七月中旬には中国の胡錦濤国家副主席がミャンマーを訪問、友好協力関係の強化を確認しており、地域のパワーバランスが人権、民主化を凌駕してミャンマーの国際的地位を押し上げているとも見ることができよう。

マリク参謀総長のミャンマー訪問は二〇〇〇年だけですでに二回目で、「ミャンマーに影響力を強める中国への警戒」（外交筋）との見方が支配的だ。インドは従来、アウンサン・スー・チー女史を支持してきたが、九七年ごろから軍事政権に接近しており、ロシア、中国とのバランスをとることで、ミャンマーの存在を高める戦略があるものと分析できる。

つまり、多民族国家ミャンマーの軍事政権としては、ASEANへの加盟によって東アジアの政治・経済の枠組みのなかで行動すると同時に、中国一辺倒からロシア、インドを巻き込むことで、欧米の封じ込め政策を無力化するねらいがある訳だ。言い換えれば、スー・チー女史の欧米接近を逆手にとった軍事政権はなお、銃による統合の手を緩めようとはしないだろう。

（二〇〇〇年八月三十一日）

参考文献

『アジア読本 ビルマ』河出書房新社、一九九七年。

竹田遼『黄金の三角地帯』めこん、一九九七年。

アウンサン・スー・チー／ヤンソン由実子訳『自由』集英社、一九九一年。

産経新聞特別取材班『アジアハイウェーを行く』テレメディア、一九九二年。

『産経新聞』国際面、一九九二年二月―九四年十月、二〇〇〇年一月―八月。

『毎日新聞』国際面「元麻薬王とワ族司令官が密談」一九九九年八月。

国連経済社会理事会配布／ビルマ国際議連訳「ミャンマーの人権状況」二〇〇〇年一月。

外務省南東アジア第一課『最近のミャンマー情勢』一九九九年十二月。

第7章　苦悩するアメリカ

金子敦郎

はじめに

移民国家アメリカが、新たな移民の波に呑み込まれようとしている。

「アメリカン・ドリーム」を求めて、世界中からさまざまな民族がやって来て、混ざり合い、競い合いながら、融け合い、一つの国家としての強烈なナショナリズムとあふれるような活力を生み出す。これが「人種のるつぼ」（Melting Pot）と呼ばれるアメリカである。いや、アメリカだった、と言ってもいいのかも知れない。

これまでのアメリカは、なんと言っても西欧系白人中心の国だった。いまアメリカに押し寄せている移民のほとんどは、中南米やアジアからの「非白人」だ。二十一世紀半ばには、白人を少数派に追い落とそうという勢いである。

いかに「移民の国」とはいえ、このままではアメリカは別の国になってしまうかもしれない、という危機感も広がる。「白人支配」を固め直そうする「巻き返し」や「移民制限」の動きが強まってくる。多民族社会の底辺に根深く残る人種差別の問題がまた、大きく浮かび上がってきたのだ。

こうした状況のなかで、「人種のるつぼ」論が実は神話に過ぎなかったことも露呈されてきた。だが、誰もがアメリカを「モザイク国家」にしてはならない、と考えている。アメリカはいま、苦しみながら新しい「原理」を模索している。

一　移民の国の「原理」

ピルグリム・ファーザーズ

アメリカは「造られた国」である。十九世紀の後半に、日本、ドイツ、イタリアなどが新興国家として登場し、国民（民族）国家を基本単位として構成するいまの世界ができ上がった。しかしアメリカは、人種も、歴史も、文化も異なったいろんな民族が集まってできたユニークな国だ。その多民族を一つの国にまとめ上げるには「国家原理」が必要になる。それが天賦の自由と人権、平等、民主主義を高く掲げた独立宣言であり、憲法である。このアメリカの原理は、清教徒（ピューリタン）の伝統に源を発している。

米マサチューセッツ州の大西洋に突き出した岬ケープコッドに一六二〇年、メイフラワー号が碇を下ろした。乗っていたのが清教徒の一群（ピルグリム・ファーザーズ）だった。母国イギリス国教会は一五三四年、ローマ法王庁から分離独立するが、彼らは国教会には帰依せず、より純粋な信仰を求めてピューリタン主義を掲げ、国王から迫害を受けた。そしていま新しい「神の国」に到着した。彼らの信仰は、怠惰を罪とし、教育を重んじ、勤勉によってビジネスに成功することで、よりよく神に奉仕できるとしていた。彼らは上陸に先立ち、新天地において多数決による統治を取り決めた契約（Mayflower Compact）を結んだ。この「信仰」はそのまま、アメリカの原理につながっていく。

図 7 - 1　アメリカ合衆国

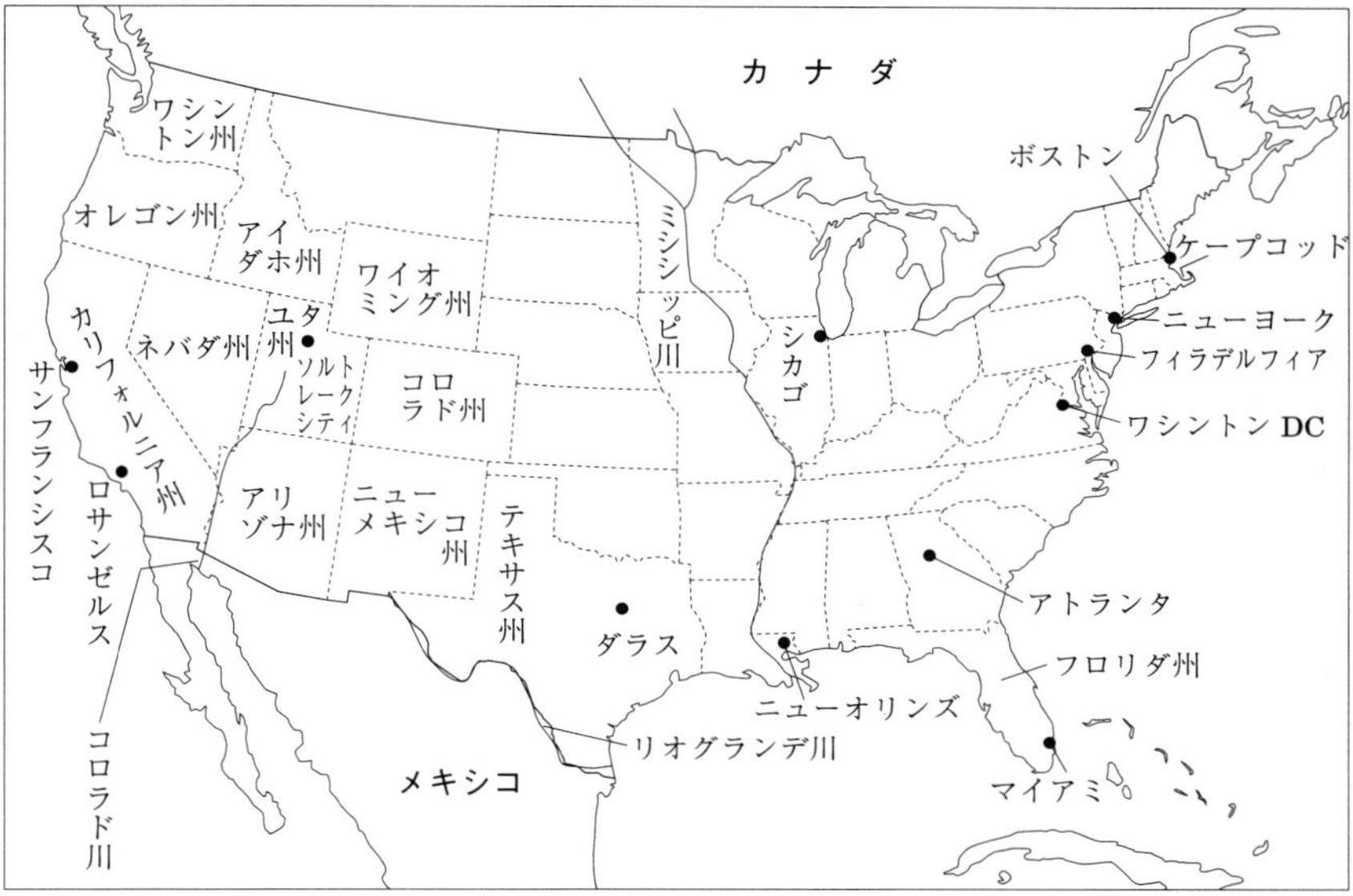

迫害を逃れて

第一陣のピルグリム・ファーザーズを追うように、大勢の清教徒が大西洋を渡り、マサチューセッツ地方に新天地を建設していった。十七世紀のこの時期、同じように宗教的迫害を逃れて、クエーカー教徒がペンシルベニアに、イギリス・カトリック教徒らがメリーランドに、またドイツやアイルランドからも、ペンシルベニアや北カロライナ地方へ宗教的自由を求める移民の流れができた。

宗教的理由だけではなかった。王様や領主の圧制に追われて北米大陸を目指した人たちも多い。イギリスではチャールズ一世の専制が移民を促したが、一六四二年クロムウェルの王制打倒の革命が起こると、逆に国王支持派が革命を逃れてバージニア地方に入植する。ドイツでも十七世紀から十八世紀にかけて、各地で諸侯の政治的圧制や繰り返される戦争に生命、財産、生活を脅かされた人々が新大陸を目指した。

どんな形であれ、「迫害」を受けた人々を受け入れ、夢とチャンスを与えるのが、アメリカという国の、そもそもの生い立ちなのだ。こうしてヨーロッパ各地から北米大陸に大勢の人々が移り住んだ。だが、十七世紀の移民の主流はアングロ・サクソン（イギリス人）の新教徒（White-Anglo-Saxon-Protestant : WASP）で、ドイツ、フランス、イタリア、スペイン、ポルトガルなどからの移民は一割ほどだったとされている。(1) アメリカは「ＷＡＳＰの国」として始まったのである。

自治精神と本国支配

コロンブスの一四九二年の新大陸到達によって、中南米では、大航海時代をリードしたスペイン、ポルトガルの植民地争奪・分割が展開される。そして十七世紀に入ると、スペイン、ポルトガルは凋落、北米大陸において、イギリス、フランス、オランダなど西欧新興諸国の植民地獲得競争が始まる。イギリスはこの戦いを通して、フランスをミシシッピ川流域からカナダに追い払い、オランダの植民地ニューヨークを併呑、先住民の土地を奪って、支配地域を確立、拡大していく。

イギリスが初めて北米の植民地建設に成功したのは、一六〇七年のジェームズタウン（バージニア）建設だった。それから一世紀半あまりの一七六三年、北米植民地の人口は一五〇万人以上に膨れ上がっていた。(2)「植民地」の繁栄を支えたのが、旺盛な自治精神だった。だが、宗主国のイギリスにとってアメリカ植民地は、大英帝国経営の柱となり、そのための資源・資金の供給地でなければならない。イギリス政府は支配力を強化し、あの手この手で税金の取り立てを図る。砂糖税、通貨税、印紙税、王室軍兵士宿舎税、物品（紅茶など）関税引き上げなどが、ロンドンの議会で次々に制定された。

一七七三年十二月十六日夜、本国政府から特権を得た独占商社の貨物船がボストン港に停泊中、過激独立派に襲われ、積み荷の紅茶が海に投げ捨てられた。これが有名なボストン・ティー・パーティー事件。本国政府はボストン港閉鎖などの弾圧措置を次々に発布、一三植民地は一七七四年九月フィラデルフィアで第一回の大陸会議を開いて、「大陸議会」を発足させる。翌七五年四月、植民地軍と本国軍の武力衝突が起きて、独立戦争が始まった。そして七六年七月四日（独立記念日）、独立宣言。

戦争は独立宣言のあとも六年続いた。イギリス軍にとって広大な植民地全域を軍事占領して独立を阻止することは難しく、フランスが独立軍を側面から支援したこともあって、一七八一年、戦争は終結、八三年のパリ条約でイギリスも独立を承認した。

謳い上げた独立宣言

独立宣言は大陸会議が任命した起草委員会が起草した。メンバーはトーマス・ジェファーソン、ジョン・アダムス、ベンジャミン・フランクリン、ロジャー・シャーマン、ロバート・リビングストンの五人だが、宣言文の大部分をジェファーソンが書いた。

宣言は①統治者は人民の生命、自由を守り、幸福を追求するとの契約を人民と結んでいるが、イギリス王（ジョージ三世）はその契約を破った。人民には国王を取り替えたり、廃する権利がある、②人民は同意に基づく自らの政府を持つ権利を有している、③人民は神によって平等につくられ、生命、自由、幸福を追求する誰にも譲ることのできない権利を有している、と主張、本国に対する「反乱」と「独立」を正当づけるとともに、その根底にある「天賦の人権」を謳い上げている。

取り残された黒人奴隷

しかし、「天賦の人権」を持つ人民のなかに、黒人奴隷は入っていなかった。ジェファーソンは独立宣言のなかのイギリス非難の一例に、イギリスが奴隷貿易を支持していることを盛り込もうとしたが、南部やニュー・イングランド代表の強い反対にあったとされている。(3) 黒人奴隷の多くは独立軍に加わって戦い、バージニア州は戦争参加の奴隷を戦争終結後に解放した。自由を求めて脱走、イギリス軍に加わった奴隷の数も少なくなかった。イギリスは戦後、彼らをアメリカ側に引き渡すことは拒否し、彼らは国外に去った。(4)

新政府が一七七九年に実施した国勢調査によると、一七七六年の独立時の黒人奴隷数は一三州全体で五〇万二一〇〇〇人だった。各州別では、バージニアが二〇万人で最も多く、南カロライナ一〇万、メリーランド、北カロライナ各七万、ニューヨーク二万、ジョージア一万。その他のペンシルベニア、マサチューセッツ、コネチカット、ロードアイランド、ニューハンプシャーは一万人以下。ケンタッキー、デラウェアは不明だが、一七七九年の記録ではそれぞれ一万二四四〇人と三四一七人。(5)

二　多様化する移民

新たな移民の大群

広い国土、恵まれた資源、国民の活力。独立したアメリカは急速に発展を遂げる。一九世紀半ばには、メキシコとの戦争でテキサス、カリフォルニアなどへと領土をさらに拡大、いよいよ世界の大国にのし上がっていく。それがまた、新天地を求める新たな移民の波を引き寄せた。十九世紀半ばから移民ラッシュが始まり、アングロ・サクソン系に加えて、非アングロ・サクソン系移民が目立ってくる。

まず一八四〇年代にアイルランドから移民が押し寄せる。主食とするジャガイモの飢饉が引き金だった。同世紀後半には、イタリア人（ラテン系）、ポーランド人（スラブ系）、ユダヤ人（セム系）などの移民の大群がアメリカを目指した。

その背景には、戦争、紛争、革命などの政治的、社会的動乱や、そのあおりを受けた貧困などがあった。ヨーロッパ列強間のパワーポリティクスは、ヨーロッパやバルカンで絶え間ない紛争、衝突を繰り返し、クリミア戦争や普仏戦争のような大戦争も引き起こした。産業革命のさらなる進行は労使の対立を激化させ、ドイツ、オーストリア、フランスなどでは革命と反革命の「暴力」が吹き荒れ、労働者や市民と軍隊・警察の血腥い衝突が各地で展開された。こうした旧世界を見限った人々が、新しい希望の国へと流れていった。

苦力と人種差別

アジア情勢も大量の移民をつくりだした。三世紀にわたって中国に君臨していた清朝がようやく衰退の道をたどり始めた。ヨーロッパ列強が侵略のねらいを定める。イギリスと中国の阿片戦争（第一次・一八四〇―四二年）をきっかけに、中国の半植民地化が一気に進む。中国は「開国」を強いられ、沿岸地方の貧困に苦しむ農民が続々とアメリカに向かった。

アメリカの新しいフロンティア、カリフォルニアは金鉱発見（一八四八年）に沸き、大陸横断鉄道も最後のユター―カリフォルニア間の建設に入っていた。大量の低賃金労働力が必要だった。中国移民はかつての黒人奴隷貿易と大差ないような手口で駆り集められ、

表7－1　1995年移民（合法）の出身国・地域

合　計	**720,500人**
ヨーロッパ	**128,200**
アジア	**267,900**
ベトナム	41,800
カンボジア	1,500
ラオス	3,900
中　国	35,500
香　港	7,200
台　湾	9,400
韓　国	16,000
フィリピン	51,000
タ　イ	5,100
日　本	4,800
インド	34,700
イラン	9,200
北　米	**231,500**
カナダ	12,900
メキシコ	89,900
カリブ海諸国	96,800
中米諸国	31,800
南　米	**45,700**
アフリカ	**42,500**

（資料）1997年国勢調査より。

「強制労働」に送り込まれた。彼らは「苦力《クーリー》」と呼ばれた。アメリカはこの時期、南北戦争を通して奴隷解放を宣言（一八六三年）した。「苦力」は奴隷の代替だった。

そのころ日本は、一八六八年の明治維新によって近代国家として世界史に登場しつつあった。過剰人口への懸念は、その後の日本のアジア侵略の動機の一つとされているが、明治新政府は一八八〇年代に入ると、海外移民の禁を解いた。日本人のハワイ、そしてアメリカ本土への移民が始まる。

非アングロ・サクソン系の大量移民に続くアジア系移民に対して、アメリカの「人種差別」が頭をもたげ、一八八二年には中国人排斥法が制定された。アメリカ政府は一八九一年には初めての移民制限法を制定、一九二一年に出身国による割り当て制度をしいた。同二四年には同法を改正、年間一六万四〇〇〇人を上限とし、植民地フィリピンを例外として、受け入れ移民はすべて白人とされた。これが第二次世界大戦後の一九五二年まで、移民政策の柱となった。この間、日系移民に対する排斥運動も高まり、一九〇八年に「紳士協定」の形で移民制限が科されている。

第二次大戦が門戸開く

アメリカは第一次世界大戦と第二次世界大戦を通して世界の超大国にのし上がる。特に第二次大戦後は、「冷戦」のリーダーとして政治、経済、社会のあらゆる分野で国際的な責任を背負うことになった。大戦終結後も世界各地で続発する戦争、紛争、動乱が、自由と繁栄の大国アメリカへの難民（移民）の流れをつくり出す。一方、国内でも大戦中の黒人部隊の活躍が一つのきっかけにもなって人種差別撤廃運動が次第に高まり、これが国際的な「人道主義」につながっていく。

こうした内外の状況が、アメリカの移民政策の転換、すなわち受け入れ移民構成のさらなる多様化、量的拡大への圧力となり、移民関連法の改革、整備が進められていった。その歩みをたどってみる。

第二次大戦はヨーロッパに一〇〇万人もの難民を生み出した。アメリカ政府は一九四八年、初めて難民法を制定、一〇年間でその半分を受け入れる方針をとった。一九六〇年にはキューバで共産革命が起こり、一〇万人が難民になり、アメリカがその四分の三を受けた。一九七五年にはベトナム・インドシナ戦争が終結、発生した大量の難民が押し寄せたため、一九八〇年特別立法でこれに対応した。中国の民主化運動が戦車と鉄砲で弾圧された一九八九年の天安門事件では、当局の追及を逃れた活動家を多数、（政治）難民として受け入れた。その他中東、アフリカ、旧ユーゴスラビア（ボスニア・ヘルツェゴビナ、コソボ）などでのさまざまな紛争が生み出した難民が、まず目指すのはアメリカだった。

ルーズベルトから世界のリーダー役を引き継いだトルーマンは、国際的責任としての難民受け入れとともに、国内政策でもニューディールを踏襲して、黒人の権利擁護などをふくめた社会福祉政策フェアディールを推進した。そのなかで一九五二年、戦後初の本格的な移民対策法として移民・国籍法（通称マッカラン・ウォルター法）が議会で成立。それまでの関連法を総括するとともに、①性、人種による差別を廃止、②出身国による割り当てを修正し、必要な技術を持つ者、アメリカ市民あるいは在住外国人の親戚・縁者に優先権を与える、③アジア系移民の禁止は解除するが、年間二〇〇〇人に制限、というのが主な内容。実はトルーマン大統領は、運用によっては移民規制を強化するとして拒否権を発動したが、議会がこれを乗り越えて成立させた。(6)

公民権運動に乗って

そして一九六五年、同法を改正する移民・帰化法が成立する。この新法がアメリカへの移民をヨーロッパ系中心からアジア系、メキシコ・中南米系中心へと大きく転換させた。同法は移民受け入れの条件を①出身国、性、人種、先祖を条件にすることを廃止、②「先着順」(First-come first-service)、③アメリカ市民および永住権所有者の親戚・縁者(家族の再会)、④特別な技能や訓練を受けている者、⑤人道的配慮、とし、年間受け入れ数もそれまでの二九万人から三二万人に拡大。その後、受け入れ数は順次七〇—八〇万レベルまで引き上げられていく。

アメリカでは五〇年代半ばから黒人の差別撤廃を求める運動が高まり、同法が成立した一九六五年には公民権法も生まれている。この公民権運動の盛り上がりのなかで、E・ケネディ上院議員ら議会リベラル派と市民団体、人権団体、宗教界などが同法成立の推進力になった。南部や中西部出身の保守派勢力は、この法律は移民に「門戸開放」するもので、アメリカの「人種構成」を大きく変化させるとして反対したが、「人種差別」と非難され、押し切られた。(7)

不法移民と人権

アメリカへの移民枠がヨーロッパ中心からメキシコ・中南米やアジアへと広く「開放」されたことによって、保守派の懸念通り、民族(人種)構成は多様化するとともに、新たな問題が発生した。大量の不法移民が入り込んできたのである。移民は「弱い経済」から「強い経済」へと流れる。移住あるいは出稼ぎ移民が、隣接のメキシコや中南米諸国から、あるいは中国やアジア・アフリカの国々から、続々とアメリカを目指すことになった。

しかし、誰でもがアメリカに入国を許されるわけではない。あの手この手で国境を越える密入国。親戚・縁者訪問や、就業・留学の一時ビザで入国、そのまま居座る不法残留。密入国斡旋をビジネスにして、多額の利益をむさぼる「蛇頭」のような国際マフィアも暗躍する。在住不法移民の数は国勢調査局の推定では三五〇—四〇〇万人とされるが、正確にはつかみようがなく、年間三〇万人、合計五〇〇—六〇〇万人に達するともいわれる。(8)

陸と海に広大な国境を持つ国にとって、いかに金と人力を投入しても不法移民を完全にシャットアウトすることは難しいが、放置はできない。アメリカの移民政策は常に、この難題に振り回されることになる。

不法移民の立場も悲惨である。劣悪な労働条件、低賃金の労働力として使われる。経済の二重構造の底に組み込まれているのだ。密入国に成功したあとも、マフィアの支配下におかれるケースも多い。それでも、わずかの賃金のなかから故国の家族・縁者に仕送りをしながら、合法移民の地位を得られる日を夢見て「日陰の生活」を続ける。人道・人権問題でもある。(9)

一九九六年、移民改革・管理法が制定された。同法によって、一八八二年以来アメリカに在住する外国人に臨時的あるいは永久的在留資格を認めるとともに、市民権取得資格を与え、その一方で不法移民と知りながら雇用した雇用主は処罰されることになった。この「人道的措置」によって一九九六年までにいわゆる不法移民のうち二七〇万人が永住権を得た。しかし、こうした温情的扱いが不法移民を促進する一方、不法移民雇用主への処罰規定は農業・中小企業団体などの圧力を受けて多くの「抜け道」がつくられたため、不法移民対策としては実効は上がらないとの批判を受けた。その後の状況は、この批判の通りに推移しているといっていいかもしれない。(10)

三　揺らぐ「白人王国」

非白人移民急増

アメリカは独立以来、一〇年ごとに国勢調査を実施しているが、一九九〇年調査の結果は、衝撃的だった。メキシコ・中南米からの移民が急増してヒスパニック（スペイン語を話す人の意味）の人口が二二三五万人と全人口のほぼ九%となり、二〇一〇年には四、一一四万人、一三・八%に達する見通しになった。この趨《すう》勢が維持されると、二〇五〇年には九六五一万人、二四・五%とアメリカ人の四人に一人となり、黒人（アフリカ系）に代わって、少数民族（人種）のなかで最大のグループを形成することになる。

ヒスパニックとともに、アジア系人口の増え方も右肩上がりだ。一九九〇年の七四六万人、三%が、二〇一〇年に一五二七万人の五・一%、二〇五〇年には三四三五万人の八・七%になる。少数民族のなかで最大を占めてきた黒人も増え続けるが、上昇角度は低い。一九九〇年の三〇四九万人、一二・三%から、二〇一〇年には四〇一一万人、一三・五%となるが、ヒスパニックに追い越され、二〇五〇年には六〇六〇万人、一五・四%にとどまる。

ヒスパニック、アジア系などの少数民族がこのように増加していけば、白人人口の比率はその分減少の一途をたどることになる。国勢調査の数字を基に推計すると、一九九〇年には一億八六三四万人、七四・九%と圧倒的多数派だが、増加率は頭打ちで、二〇一〇年一億九七八四万人、六六・六%、二〇五〇年一億九八一一万人、五〇・三%となり、二十一世紀後半に入ると早々に、過半数割れという情勢である。アメリカは白人国家ではなくなるというわけである。白人の受けた衝撃の大きさは想像に難くない(11)。

追い付かない国勢調査

白人人口の趨勢を推測したこの数字には、少し説明が必要だ。アメリカは米・メキシコ戦争（一八四六—八年）で、当時のメキシコ領土のほぼ半分に及ぶ広大な地域を征服・併合した。緒戦でアメリカ人開拓者（侵略者ともいえる）の「アラモの砦」が玉砕した話は、よく西部劇映画のテーマになる。結局アメリカが奪い取った領土は、現在のテキサス、カリフォルニア、ユタ、ネバダのほとんど、ニューメキシコ、アリゾナの大部分、コロラド、ワイオミングの一部にまたがっている。これらの地域の住民は、ほとんどそのままアメリカに編入された。メキシコとはそのまま長い国境を接し、メキシコはさらに植民地（自治領）のプエルトリコや中南米諸国にもつながっている。

こうした歴史的、地勢的条件によって、アメリカ長年、メキシコ系住民を抱えてきた。しかし国勢調査では、人

図7－2　移民の出身国・地域

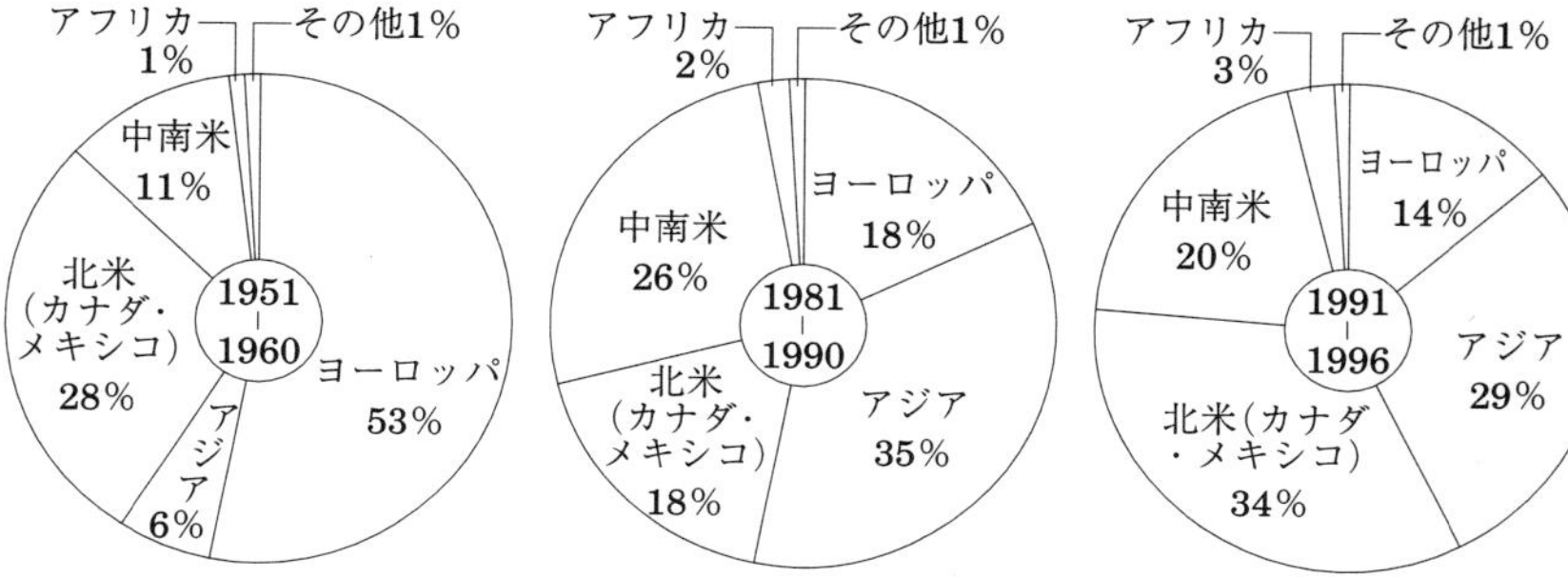

（資料）James G. Gimpel, James R. Edwards, Jr., *The Congressional Politis of Immigration Reform*, Allyn and Bacon, 1999.

種分類として①白人、②黒人、③その他（先住民のインディアン・エスキモー・アリュートとアジア・太平洋諸島系に二分）、という三分類が使われ、メキシコ・中南米系は「白人」に分類されてきた。一九六五年移民・帰化法が引き金になってメキシコ・中南米系人口の増大が顕著になった一九八〇年調査から、人種分類をそのまま残しながら、別枠として「ヒスパニック」という項目が設けられるようになった。

したがって国勢調査で「ヒスパニック」と答えた人は、人種分類の「白人」だけでなく、「黒人」や「その他」にもまたがっていると見なければならない。「ヒスパニック」の数字を、「白人」「黒人」「その他」の数字と単純に並べて比較することはできない。そこで便宜的に、「白人」の趨勢をうかがう手がかりとして、全体から「ヒスパニック」「黒人」「その他」の数字を差し引いたものを「白人」とみなした。国勢調査のこのような応急対応も、ヒスパニック問題がいかに急浮上してきたを物語っている。

ラティノ（ヒスパニック）

メキシコ・中南米系の人々は、一九六〇年代にはチカノ（Chicano）と呼ばれるようになった。その後スペイン語を母国語とする人たちという意味からヒスパニック（Hispanic）と呼ばれるようになるが、最近では民族性を尊重して、ラテン・アメリカ系民族とその文化をトータルに意味するラティノ（Latino）がより広く使われている。こうした流れに沿って、差別感のある「人種」（Race）も避け、代わって「民族」（Ethnic-Ethnicity）を使うのが一般的になっている。

ラティノ、あるいはヒスパニックと一口にいっても、実は複雑な集団である。もともとアメリカ市民である被征服者とその子孫やプエルトリコ人、メキシコや中南米諸国からの移民とその家族、キューバからの政治・経済難民、メキシコ国境を越え大都市のスラムなどに潜り込んでしまう密入国者（不法移民）。法的にはアメリカ市民、合法的移民（Legal Immigrant）、非合法的（不法）移民（Illegal Immigrant あるいは Non-documented）、といろいろありだ。高等教育を身につけ、社会の中流から上流に地位を得ている成功者、スポーツや音楽・映画で名を成したスターもいれば、ブルーカラーもいる。不法移民が大半とみられる底辺労働者の多くもラティノである。

出身国ではメキシコが最も多く、プエルトリコ、キューバが続くが、ドミニカ、ジャマイカ、エルサルバドル、ハイチ、コロンビア、ガイアナ、グアテマラ、ペルーなど中南米全域にわたっている。一九八一年から一九九五年までの一五年間に、これらの国から来た移民は六二六万三〇〇〇人いる。彼らは一つの集団を形成しているわけではない。だが、白人やその他の少数民族から見れば、やはりラティノという民族（人種）集団である。

ラティノ人口の特徴の一つは、いくつかの州に集中的に居住していることだ。そのなかでもカリフォルニア州が圧倒的で、三四％が居住、次いでテキサスに一九％、ニューヨークに九％、フロリダに七％、イリノイに四％、ニュージャージーとアリゾナに三％ずつとなっている。(12)

アジア系

アジア系移民は一九八一年から一九九五年までに四四五万一〇〇〇人。インドシナ三国（ベトナム、ラオス、カンボジア）が九八万五〇〇〇人で最も多いが、ベトナム・インドシナ戦争終結はもうふた昔前。九〇年代に入ってからは年間数万人レベルになった。旧植民地フィリピンが次いで七八万八〇〇〇人、中国（台湾、香港を含む）七二万四〇〇〇人、インド四五万三〇〇〇人、韓国四三万五〇〇〇人と続く。(13)

注目されるのは、中国系の急増である。ベトナム系のなかにも中国系（華僑）が大勢いる。「よりよい生活を求めて」という通常型移民に加えて、国際密入国組織「蛇頭」の地下ネットワークが送り込む不法移民の数は的確にはつかみようがない。彼らは大都市のチャイナタウンの底辺に吸収されていく。

もう一つ、新タイプの移民がいる。民主化要求のデモが人民解放軍に弾圧された天安門事件（一九八九年）、繁栄への不安を呼んだ香港返還（一九九七年）、現地政権化（一九八八年）以降の台湾海峡の緊張といった政治、経済情勢がアメリアへの「脱出」を大いに促した。彼らは教育程度が高く、財力があり、ビジネスの才に長けている。カリフォルニア、ニューヨーク、シカゴなどの大都市では、移住早々に金融、不動産、スーパー、レストラン、コンピュータ関連などのサービス業で成功、地域経済を牛耳り、地元資本との軋轢《あつれき》も引き起こしている。(14)

一〇年を越えて成長を持続しているアメリカ・ニューエコノミーの基地シリコンバレーにはインド人ＩＴ技術者が目に付く。これがインド人移民増をもたらしている。

四　神話の崩壊

「るつぼ」を拒否

アメリカの主流を占めてきた「白人」は、ラティノ、アジア系移民の急増に対して、それまでの非アングロ・サクソン系移民の波とは違った反応を見せている。ラテン系（フランス、イタリア、スペイン、ポルトガルなど）、スラブ系（ロシア、ポーランド、チェコなど）、ユダヤ系などの後発移民は、アメリカという「人種のるつぼ」に放り込まれ、煮立てられ、味付けされ、良きアメリカ市民になった。これが「同化」（Assimilation）である。ヨーロッパ系ではない日系移民も「同化」の優等生と言われてきた。しかし、ラティノやアジア系移民は、この「るつぼ」に入ることを拒んでいるのではないか、白人はそうした反発感、危機感、時には恐怖感さえ抱いているように見える。[15]

その背景には、第一に「数」がある。ヨーロッパ系移民がいまでは年間数万人程度と低位安定状態になっているのに対して、ラティノとアジア系はあわせて五〇万人前後。加えて五〇〇—六〇〇万人といわれる不法移民がいる。彼らは白人と比べて出生率がはるかに高く、人口はどんどん増える。

文化的違和感も大きい。新しく来た移民は、言葉もおぼつかないし、心細いから、同じ仲間と「群れ」て生活する傾向がある。これはラティノやアジア系に限ったことではないのだが、白人から見ると、言葉も生活習慣も違う民族集団がアメリカという国のなかに別の「国」をつくっているように見える。S・ハンチントンの『文明の衝突』は、欧米キリスト教文明とスラブ正教文明を別扱いしているが、もともとは親戚の関係だし、同じ白人である。スラブ系移民は「同化」できた。しかしアジアの儒教文明やラテン・アメリカ文明は、欧米キリスト教文明にとっては混ざり難い別物に見えるのだ。

ラティノが集中的に居住している地域の小中学校では、英語と並んでスペイン語教育を取り入れている。中国系ビジネスが支配的なダウンタウンには、中国語の看板が林立している。アメリカの独立記念日は祝わないで、旧正月には町をあげて華やかなお祭りが繰り広げられる。これらがすべて「同化拒否」と映る。[16] 二カ国語教育に対してはかつてレーガン大統領が「反アメリカ的」と強く非難したこともある。

オーケストラ論

移民国家アメリカを象徴的に表す「人種のるつぼ」という言葉は、ユダヤ系劇作家イスラエル・ザンウィルの一九〇八年の作品の題名『メルティング・ポット』に由来する。ロシアからのユダヤ系移民のユダヤ教徒の男性と、キリスト教徒の女性が恋におちる。二人は屋根の上からニューヨーク・マンハッタンの灯と自由の女神像を見下ろして、そこに「人種のるつぼ」を見た。『メルティング・ポット』はニューヨークをはじめ全米十数都市で上演され、大成功を収めた。だが、アメリカは本当に「人種のるつぼ」だったのか[17]。それがいま、問われている。

舞台劇『メルティング・ポット』が成功してしばらくの一九一五年、『ネーション』誌にH・M・カレンが「民主主義対メルティング・ポット」と題する論文を寄せた。カレンは「メルティング・ポット」（同化）はアングロ・サクソン特権階級の「同一性を押しつける専制」であると批判し、異なった音色を出すさまざまな楽器が集まって、一つの音楽を生み出すオーケストラを例にあげて、多元文化主義を主張した[18]。

アイリッシュ系の有力上院議員として知られたP・モイニハンも一九六〇年代に、「単一化したアメリカではなく、民族性をもとにした多元文化主義」を唱えている[19]。

アイルランド人はアングロ・サクソン（イギリス）の征服を受けたケルトと呼ばれる民族。宗教はカトリックが多い。アイルランド移民は「WASP」支配の社会で、長年「二級市民」の扱いを受けてきたが、一九六〇年大統領選挙で、アイリッシュでカトリックのJ・F・ケネディが当選したことにより、すべてのカトリック教徒ともども、ようやく一人前の地位を得たと言われている。イタリア系、ポーランド系、ユダヤ系など、アメリカの民族グループはみんな、同じような「差別の歴史」をたどって、いまでは政治、経済、社会、文化のあらゆる分野で指導的な役割を担う人物を輩出している。それでも本当の支配階級（エスタブリッシュメント）にはWASPでなければ入れないという人もいるが、かつての「WASP支配」の時代ではないことも確かだ。

非アングロ・サクソン系の移民は、決して自分たちの民族性を捨て去って「アングロ・サクソンのアメリカ」に「同化」したわけではない。彼らは確かに「良きアメリカ人」になった。だが、さまざまな民族が多様な民族性をのびのびと発揮し、それが相乗作用を引き起こして「アメリカの価値」に「統合」（Integration）される。アメリカの原理は「人種のるつぼ」によるアングロ・サクソンへの「同化」ではなく、「オーケストラ」あるいは「サラダ・ボウル」がふさわしいのではないか(20)。文化の多様性（Diversity）を認め合う多元文化主義（Multiculturalism）が強く主張されるようになっている。

多元文化主義は、民族グループやその「利益」を支持するリベラル派だけの主張ではない。保守派のシンクタンクとして知られる「ヘリテージ財団」の特別会員イレーン・チャオ氏はワシントン政界にもつながりを持つ中国系アメリカ人の有力指導者で、ブッシュ新政権の労働長官に指名されたが、彼女も「るつぼ」論は排して、多元文化主義を唱えている(21)。コロンビアからの移民で、企業コンサルタントとして成功を収めたルシア・ガルシア氏は、自ら共和党支持の保守派と称し、ラティノの二カ国語教育には反対だが、多元文化主義を掲げ、カリフォルニアを中心に活発な運動を展開している(22)。

「人種のるつぼ」は神話だったのだ。「人種のるつぼ」の底に隠されていた現実が、新たな移民の波に洗われていま、水面に浮かび上がったといえるだろう。

黒人も自己主張

文化の多元主義が広まった背景には、黒人の新たな「覚醒」もある。アメリカは一八六三年、南北戦争のさなかに奴隷解放を宣言した。それから一〇〇年の一九六三年、人種差別撤廃を求める数十万人の大デモ・集会がワシントンを埋め、指導者M・L・キング牧師が「私には夢がある」で知られる有名な演説をした。「いつの日か、元奴隷の息子と元奴隷所有者の息子が、同じテーブルで語り合う日がくることを」と。

二年後の一九六五年、公民権法が成立した。差別は表向きはなくなり、多くの黒人の生活は向上した。しかし、差別はいまも決してなくなってはいないし、続いている。黒人もまた、奴隷解放宣言と公民権法によって「同化」するのではなく、独自文化の世界を守り、発展させてきた。(23) 公民権運動とベトナム反戦運動が嵐のように吹きまくった一九六〇年代から七〇年代、「ブラック・イズ・ビューティフル」というスローガンが叫ばれた。黒人はいま再び「自己主張」を強めている。

黒人が「白人のアメリカ」への「同化」を拒否している現実はあちこちに見ることができる。博物館や図書館には「アフリカ系アメリカ人の歴史」の展示が設けられるようになり、書店には「アフリカ系アメリカ人コーナー」がある。黒人のイスラム教への改宗も目立つ。ラティノやアジア系移民急増との相互作用によって、黒人問題も新しい局面を迎えている。

五　多元文化主義

カリフォルニア知事の野心

「人種のるつぼ」という神話に対する挑戦は、これに立ちはだかり、巻き返そうという動きを触発した。白人のアメリカ（至上）主義者や保守派といわれる人たちは、文化の多元主義はアメリカをバルカン半島のような「モザイク国家」にする、あるいは「国連化」させると拒否する。アメリカはこれまで通りのアメリカでなければならないのだ。

カリフォルニア州は、移民・人種問題の「主戦場」である。広大な農園からハイテク産業まで、その人口も経済活動もアメリカ最大。メキシコとは長い国境を接する。メキシコとその背後に位置する中南米諸国の「移民予備軍」にとっては最も魅力的な土地だ。移民人口もまた、アメリカ最大である。一九九四年の人口は三一四三万人、そのうち白人が一六八四万人で五三・六%、ラティノ（ヒスパニック）が八三七万人の一六・六%、アジア系が三五〇万人の一一・一%、黒人が二四二万人で七・七%、先住民が三〇万人の一%となっている。[24]

一九九〇年代初め、カリフォルニアの経済は沈滞していた。一九九四年の中間選挙（議会、知事など）を控えて、P・ウィルソン知事（共和党、元上院議員）が不法移民に対する社会保障支出を禁止するという提案（プロポジション187）を推進、選挙と並行して実施された住民投票で圧倒的な支持をえて採択された。同州では不法移民も子どもたちを学校へ通わせ、低所得家庭向け食糧キップの給付対象になっている。ロサンゼルス郡では食糧キップと生活保護法の対象者六二万人のうち一二万ないし一五万人は不法移民だといわれていた。[25]

「それはおかしい」という白人低所得層などのうっ積した感情は、不況の風に煽られる。[26]これを巧みに刺激した知事の政治キャンペーンだった。苦戦を伝えられたウィルソン知事は再選され、不法移民に対する公費支出禁止の動きは、同じ問題を抱える他州からワシントンの連邦議会にも波及する勢いになり、ウィルソン知事は脚光を浴びる。移民規制反対派の提訴で、最高裁が「プロポジション187」に違憲判決を下したので、なんとかストップがかかっている状況だ。

ウィルソン知事は一九九六年大統領選挙にも野心をみせる。これはすぐに挫折に終わるが、同知事は次々にラティノにねらいを定めたキャンペーンを展開、同年六月英語とスペイン語の二カ国語教育を禁止する提案（プロポジション227）の住民投票が実施され、六割の支持をえて採択される。これによってカリフォルニア州では、スペイン語教育が教室から締め出され、英語のよくできないラティノなどの移民の子どもたちは英語の集中授業に放り込まれることになった。

図7－3　移民（合法・不法を合わせた）が多く居住している州（1996年）

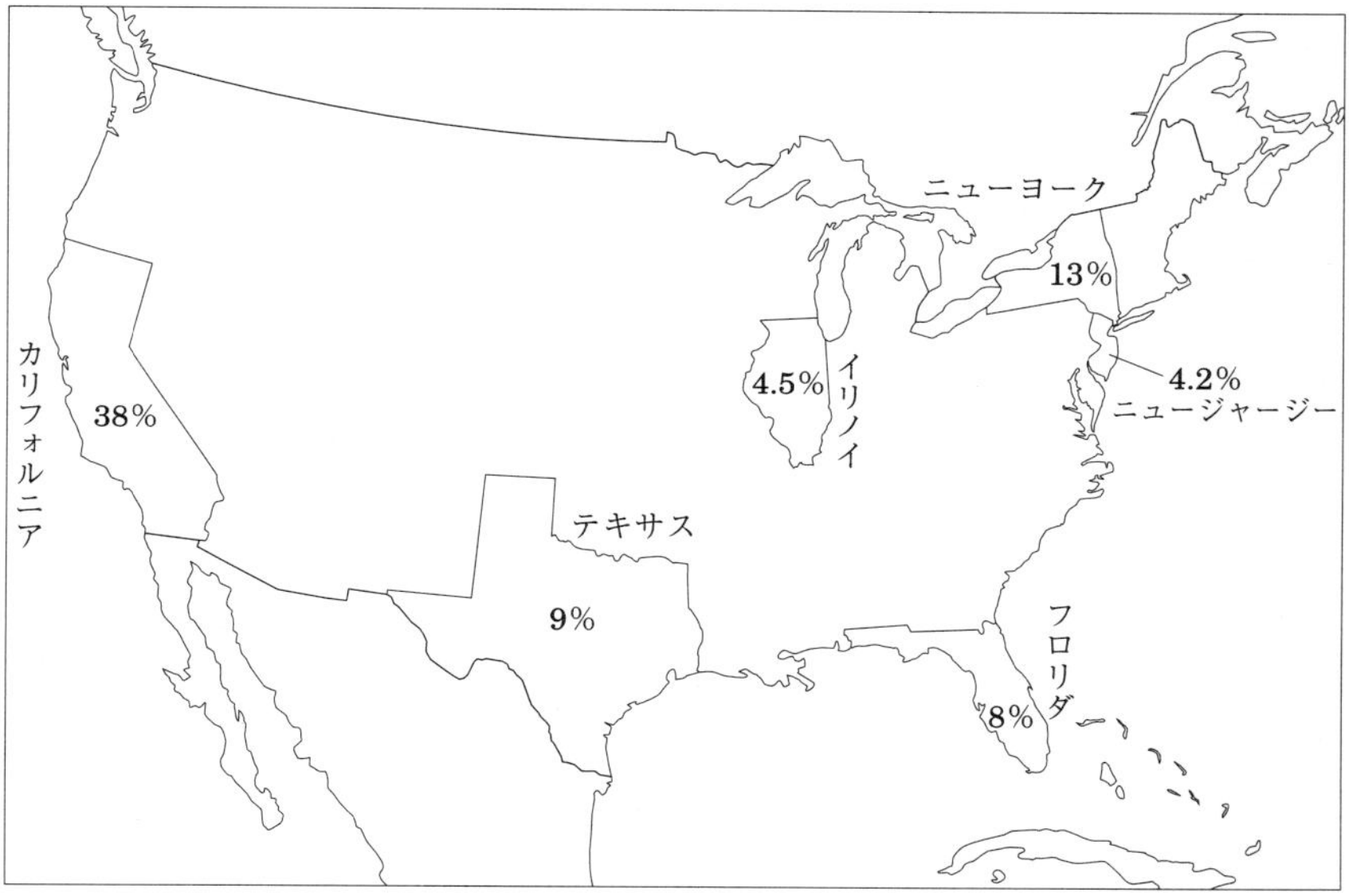

（注）数字は全移民人口に占める割合。
（資料）アメリカ移民帰化局の数字をもとに作成。

差別是正措置も標的

ウィルソン知事のキャンペーンは、黒人にも矛先を向ける。一九九五年六月カリフォルニア大学に対して知事行政命令を発し、入学選抜に際して人種（少数派）や性（女性）を考慮し「優遇」する差別是正措置（Affirmative Action——積極的に差別を是正する措置をとるという意味）の廃止を指示した。公民権法が制定されても、数世紀に及ぶ差別は簡単には是正できない。そこで同法を補強するためにジョンソン大統領が行政命令で、すべての公的機関や公立学校に対して職員採用や入学選抜、業務契約などに際して差別是正措置を義務づけた。知事は大学側の抵抗を職権でおさえつけて、大学評議会の廃止決定に持ち込んだ。

同措置廃止後初めての一九九八年、民族（人種）別に見た合格状況は劇的だった。カリフォルニア大学八キャンパスのうち、競争率が最も高いバークレー校では、アフリカ系（黒人）が前年の五六二人から一九一人へ、ラティノが同じく一二六六人から六〇〇人へといずれも大幅にダウン。ロサンゼルス校でも、アフリカ系が五二四人から三一三人へ、ラティノが一五一二人から九九五人へと顕著な減少を見せた。同時に注目されたのは、アジア系がバークレー校で二九二五人から二九九八人へ、ロザンゼルス校で四一七三人から四二二八人へと上昇傾向に入ったことだ。[27]

二〇〇〇年にはバークレー校で、アフリカ系が三〇一人、ラティノが八七六人、ロサンゼルス校でアフリカ系が三一五人、ラティノが一一八〇人とやや持ち直したが、差別是正措置廃止前のレベルとは大きく差が開いたままである。一方アジア系は、バークレー校で三二二五人、ロサンゼルス校で四三七六人と増勢をはっきりさせた。白人入学者も両校で増えていて、アフリカ系とラティノが減った分をアジア系と白人が奪ったという結果になった。[28]

八キャンパス全体で見ると、こうした傾向はやや緩んでいるが、これはアフリカ系やラティノが競争率の高いバークレー、ロサンゼルス両校を避けて、他のキャンパスに流れたためと見られている。加えて、アジア系優位を嫌ってか、入学許可を得たアフリカ系やラティノ学生まで別のキャンパス入学を選ぶ傾向も出ていて、バークレー校の二〇〇〇年新入生はアジア系四六%、白人三〇%と「キャンパス文化」の偏りが進んでいる。[29] 差別是正措置廃止が、少数派仲間のアフリカ系・ラティノとアジア系の間に亀裂を作り出しているとも言えるだろう。

ウィルソン知事は並行して一九九六年大統領選・議会選挙に合わせて差別是正措置を広く見直した「カリフォルニア公民権構想」（プロポジション２０９）を住民投票にかけ、採択させた。擁護派の差し止め訴訟は最高裁で却下された。

テキサスでも

カリフォルニアに次ぐ第二の「ラティノ州」はテキサス。ラティノ人口が一九%を占める。黒人やその他の少数派を加えると四〇％。カリフォルニアの差別是正措置廃止キャンペーンと相前後する一九九六年、テキサス大学法学部で入学を許されなかった四人の白人が差別是正措置による逆差別だと訴えた裁判で、第五巡回裁判所（高裁）がこれを認める判決を下した（のち最高裁も支持）。この結果、長年ラティノ一〇％、アフリカ系五％、州外居住者一五％とされてきた「割り当て」が廃止され、翌一九九七年の同学部入学者は、ラティノが前年の七〇人から三四人、アフリカ系が六五人から一一人に、その他の少数民族も三六人から二五人へそれぞれ激減。一方、アジア系は九三人から一〇五人に、白人は八四一人から八六五人へと増えた。

衝撃を受けた大学当局と教授陣は、州内の高校の成績上位一〇％を選抜の基準にするという新しい選抜方式をつくり、ラティノなど少数派州議員が後押しして、これを州法として成立させた。大学はこれによって学生およびキャンパス文化の多様性を守ろうと懸命である[30]。

根深い人種差別意識

差別是正措置は差別を受けがちな少数派や女性の社会進出を促すものだが、それは同時に白人の職場や仕事が狭められることに通じる。とくに白人中産階級以下の層や労働組合に直接的な影響が及ぶ。この利害対立に加えて、一部の白人には根深い人種差別意識がある[31]。民主党はルーズベルト大統領のニューディール以来、伝統的に白人低所得層や労働組合を支持基盤にしてきた。Ｌ・Ｂ・ジョンソン大統領は、差別是正措置の行政命令を出すに際して、自分の党を台無しにするかもしれないが、やらねばならないのだと語っている。もともとそれほど白人層の反発が強かったのだ。事実、その後南部の保守的な白人票が民主党離れを起こし、共和党ニクソン、レーガン両大統領の有力支持勢力になったが、公民権運動とその結果である差別是正措置が大きく影響したことは間違いのないところだろう。

奴隷解放宣言からしばらくの一八九六年、最高裁が公共交通機関における黒人差別解消を求めた裁判で「隔離は差別ではない」という判決を下した。これが黒人差別を事実上、継続させる大義名分となった。八〇年後の差別是正措置に対しても、最高裁は一九七八年、カリフォルニア大学デービス医科大学に入学を認められなかった白人青年が「逆差別」だと訴えた訴訟で、同措置は合憲としながらも、「逆差別」を認めた。

差別是正措置は二〇年、三〇年と時の経過とともに、「いつまで特別扱いなのか」という不満を生み、当初は黒人と先住民族に女性だけだった対象がラティノやアジア系にも拡大したことも加わって、撤廃要求を噴き出させることになった。この動きは両州だけでなくあちこちに広がっていて、最高裁は一九九五年にアラバマ州バーミンガム市の消防職員が「逆差別」によって昇進が遅れたとの訴えを認める判決を出している。「逆差別訴訟」に対する裁判所の判断は画一的ではないが、差別是正措置を厳格に制限するはっきりした傾向が出ている。

キング牧師のスローガンの一つに「肌の色によらない社会」（Colorblind）がある。差別是正措置反対派はこれを逆手にとる。同措置は役割を果たした。黒（黒人）、褐色（ラティノ）、黄色（アジア系）という肌の色によって「優遇措置」を与えるのはキング牧師の主張に沿わないし、個人の平等を基本とするこの国のなかで、特定のグループがグループ外の人と違う扱いを受けるのは逆差別だ、というわけである。(32)

この「カラーブラインド論」を受け入れるかどうかは別にして、差別是正措置がすでに三〇年以上、二世代から三世代にわたって続けられ、それなりの成果も残したいま、これまで通りの理由で継続を主張しても説得力を欠く。しかし、差別是正措置には、文化の多元主義を推進するという新しい役割が出てきた。世界中の多様な文化がぶつかり合い、影響し合い、新しいエネルギーを注入され、そこから新しいアメリカ文化が生まれる。これこそ多民族国家アメリカだけが持つ強みである。それを保障するのが「差別是正措置」ではないのか。カリフォルニア大学ロサンゼルス校（ＵＣＬＡ）で熱ぽい議論が展開されていた。(33)

議会の争点に見る

一九九四年中間選挙（議会、知事選挙など）で上下両院の支配権を握った共和党保守派は、移民規制強化を目指した「移民と国益法」を成立させた。しかし、移民問題には複雑な政治的思惑や社会的利害が絡んでいることが浮き彫りになり、当初のねらいはほとんど法案に盛り込むことができなかった。争点を拾ってみる。(34)

①合法移民の家族呼び寄せが移民増加の大きな理由。呼び寄せ家族を配偶者、親、未成年の子どもに限定しようとした案は「人道問題」と猛反対がでた。

②受け入れ移民数の削減には、マイクロ・ソフト、モトローラなどの花形企業を先頭に産業界が反対。企業はIT技術者や科学者などを海外に求めている。代表が議会に押し掛け「わが社は移民規制されると日本に負けてしまう」と議員に詰め寄った。

③「移民は職を奪う」とする伝統的な労働界の立場が一転した。七〇年代からの産業構造の変化やリストラで、大きな政治力を持っていたAFL・CIOなどの労働組合は衰退した。いま移民労働者の組織化で再生を図ろうとしている。移民は低賃金労働力として、この面でもアメリカ経済にビルトインされつつある。

④移民労働者雇用者のチェック機能強化、移民に身分証明書携行を義務づけるといった不法移民摘発強化策は、警察国家、国民総背番号制度につながるなどと不評。

⑤国境警備隊や出入国管理移民局の、大幅強化は財政的に困難と支持得られず。

議会のこうした論議は、保守、リベラルという色分けで整理することはできない。議員にはアングロ・サクソン系もいれば非アングロ・サクソン系もいるし、ラティノも中国系も黒人もいる。自分自身が移民だったり、両親や祖父母が移民というのはごく普通の国だ。出身州の民族構成も背景になる。支持団体も産業界、労働界、宗教界とさまざまである。

移民問題では、きれいに割り切った「合意」も、どちらかに偏った「選択」も難しいのだ。対立の舞台カリフォルニア州で、差別是正措置や移民への攻勢で名をあげたウィルソン知事も、野心むなしく民主党候補に再選を阻まれている。これもその例証だ。

おわりに

アメリカはどこへ行くのだろうか。

移民問題には、アメリカの政治、経済、社会、文化のすべての分野の力が複雑に絡み合っている。移民問題がアメリカをどの方向へ向かわせようしているのか、見極めることは難しい。だが逆に言えば、だからこそ、その力のバランスがどちらかへ急傾斜していくこともないだろう。大不況、民族紛争、戦争などで大きく揺れることはあっても、「振り子」は戻る。確かなことは、「WASP」支配が終わり、「人種のるつぼ」神話が崩壊し、アメリカはますます、多民族、多元文化の国になっていくということだろう。それは決して、ある力が加わるとばらばらに分解する「モザイク国家」の方向ではあるまい。

「移民」に揺れる社会の底辺に、見逃され勝ちの一つの流れが起きている。根深い人種差別の一方で、結婚による民族（人種）融合が着実に進行している。国勢調査にあたって一三〇〇万人が自分の「人種」をどこに入れればいいのか迷ったという。ヨーロッパ系移民の間では、民族（人種）間結婚が進んだ。アジア系、ラティノでも同様である。一九九〇年に生まれたアジア系移民の子どもの五人に一人は混血だった。ラティノのその比率はもう少し高く、結婚相手の二八％が白人を含む他民族で、一三〇万人の子どもが生まれた(35)。

ラティノ問題に詳しいUCLAのD・E・ヘイズ＝バウチスタ教授は、アングロ・プロテスタント文化は「混血」を許さない文化だったが、ラテン・アメリカ文化は「混血」文化だとし、アメリカはこれから「真のメルティング・ポット」になっていくだろう、と語っている。[36]

注

（1）Keith W. Olson, *An Outline of American History*, US Information Service, p. 6.

（2）*Ibid*, p. 21.

（3）S.Morrison, H. Commager & W. Leuchenburg, *A Concise History of the American Republic*, Oxford University Press, 1977, p. 81.

（4）*Ibid*, p. 84.

（5）*Ibid*, p. 101.

（6）アメリカ議会の移民関連立法などの動きは、主に次の三つの資料を参考にした。
Lan Cao & Himilice Novas, *Asian-American History*, A Plum/Penguin Book ,1996.
James G. Gimpel and James R. Edwards, Jr., *The Congressional Politics of Immigration Reform*, Allyn & Bacon, 1999.
"Immigration Policy", *Congressional Digest*, May1996.

（7）同右。

（8）不法移民の数にはさまざまな推定値があるが、この数値は James Goldsborogh, "Out of Control Immigration," *Foreign Affairs*, Sept./Oct. 2000 によった。

（9）「蛇頭」の中国人密入国作戦や不法入国者の実状については Peter Kwong, *Forbidden Workers*, The New Press, 1997 によるところが大きい。

（10）James G. Gimpel and James R. Edwards, *op. cit.* など前出資料による。

(11) Statistical Abstract of the United States 1997, Bureau of the Census.
(12) *Ibid.*
(13) *Ibid.*
(14) John Horton, *The Politics of Diversity*, Temple University Press, 1995 および Lan Cao & Himilice Novas, *op. cit.* などによる。
(15) Diane Ravith, "The Future of American Pluralism," *The New Promise of American Life*, Hudson Institute, 1995.
(16) Jonh Horton, *op. cit.* および John J. Miller, *The Unmaking of Americans*, The Free Press. 1998 などによる。
(17) Jonh J. Miller, *op. cit.*, p. 59.
(18) *Ibid*, p. 80-82.
(19) *Ibid*, p. 106.
(20) Diane Ravith, *op. cit.*
(21) 筆者の二〇〇〇年四月インタビュー。
(22) 同右。
(23) Francis Fukuyama, "Immigration," *The New Promise of the American Life*, Hudson Institute, 1995.
(24) Statistical Abstract of the United States 1997.
(25) James Goldborogh, *op. cit.*
(26) Peter Burns & James G. Gimpel, "Economic Inscurity, Prejudicial Stereotypes, and Public Opinion on Immigration Policy," *Political Science Quarterly*, Summer 2000.
(27) *Los Angels Times*, 1999/4/3.
(28) *Los Angels Times*, 2000/4/4.
(29) *Newsweek*, September 18, 2000.
(30) David Montejano, "Maintaining Diversity at the University of Texas," *Race and Representation : Affirmative*

Action, Zone Book, 1998.

（31） Peter Burns & James G. Gimpel, *op. cit.*

（32） Troy Duster, "Individual Fairness, Group Preferences, and the California Strategy," *Race and Representation: Affirmative Action*, Zone Books, 1998.

（33） 筆者の二〇〇〇年四月ＵＣＬＡ訪問、Ｊ・ホートン教授とその学生らとのインタビュー。

（34） James G. Gimpel & James R. Edwards, Jr., *op. cit.* より。

（35） Jonh J. Miller, *op. cit.*, p. 144.

（36） Ruben Martinez, "The Shock of the News," *The Latino Studies Reader*, Blackwell Publishers, 1998 および筆者の一九九九年四月インタビュー。

あとがき

本書の七章のうち五章は、大阪国際大学法政経学部の政治系グループ共同研究の成果の一部である。この研究は本大学国際関係研究所の共同研究プロジェクトとして、「冷戦後世界の民族問題」をテーマに、国際政治を担当する五人が参加して一九九八年四月にスタートした。参加者の専門分野に応じて、冷戦後世界の各地で噴出している「民族問題」の研究に当たり、現地調査・取材も加え、随時、研究会を開催して情報や意見の交換を行い、二〇〇〇年三月に完了した。

執筆者の専門分野を紹介する。第1章「CISにおける分裂と統合」執筆の瀬島誠助教授はロシアを中心にした近代国際関係史・国際関係論が専門、第2章「議会開設をめぐるスコットランド政治」の池田佳隆助教授は国際機構論を専門として、イギリス・スコットランド情勢にも詳しい。第3章「コルシカの地域主義」の山本周次教授は政治思想史・比較政治文化論、第4章「ドイツにおける難民・外国人労働者問題」の古賀敬太教授は政治思想史・西ヨーロッパ政治、第7章「苦悩するアメリカ」の金子敦郎は国際関係論・アメリカ外交を、それぞれ専門としている。

第5章「アジアの地域安全保障(1)――インドネシア」、第6章「同(2)――ミャンマー」を執筆した大田明彦教授は、共同研究プロジェクトが完了したあとの二〇〇〇年四月、産経新聞社を退社して本学教授に就任された。同教授は産経新聞時代、ソウル支局長、バンコク支局長、「アジア・ハイウエー特集」のキャップなどを務めたアジア通である。共同研究プロジェクトは、旧ソ連圏を含めたヨーロッパとアメリカを対象としたもので、アジアは

「空白」になっていた。本書の企画を進めるに当たり、大田教授に現役記者時代の経験と蓄積を本書に生かさせて欲しいと要請、快諾を得た。これによって本書はより拡がりを持つことができた。

冷戦時代の世界は、ある意味では分かりやすかった。冷戦後世界はすでに一〇年を経過してもなお混沌としている。その状況を満遍なく、またバランスよく描くことは、われわれの共同研究の、したがって本書の手には余る。それは、おそらく今は、誰の手にも余るだろうと思う。しかし、本書は現在の世界を特徴づける状況のいくつかを浮き彫りにすることはできたのではないか、と思っている。

萌書房の白石徳浩代表は、われわれの共同研究プロジェクトにいち早く関心を寄せられ、二年間の研究の進行を見守り、激励しながら、本書の企画を進めてくださった。本書出版はひとえに白石代表に負っている。厚くお礼を申しあげたい。

二〇〇一年三月

金子 敦郎

▩執筆者紹介（執筆順，＊は編者）

＊池田 佳隆（いけだ よしたか）
1965年生まれ。京都大学大学院法学研究科博士課程中途退学。現在，大阪国際大学法政経学部助教授。「ヨーロッパの中での独立」木村雅昭ほか編『国家と民族を問いなおす』（ミネルヴァ書房，1999年），「グローバル・システムの三層構造論の批判的検討」日本国際政治学会編『国際政治』（第111号，1996年），ほか。

瀬島　誠（せじま まこと）
慶應義塾大学大学院法学研究科博士課程単位取得退学。現在，大阪国際大学法政経学部助教授。「冷戦起源論争の再燃とスターリン外交」『新防衛論集』（第25巻第1号，1997年），「アナーキー下における地域的協力の可能性」日本国際政治学会編『国際政治』（第124号，2000年），ほか。

山本 周次（やまもと しゅうじ）
1952年生まれ。京都大学大学院法学研究科博士課程修了。現在，大阪国際大学法政経学部教授。『概説 西洋政治思想史』（共著：ミネルヴァ書房，1994年），『ルソーの政治思想』（ミネルヴァ書房，2000年），ウォクラー『ルソー』（翻訳：晃洋書房，2000年），ほか。

古賀 敬太（こが けいた）
1952年生まれ。京都大学大学院法学研究科博士課程修了。現在，大阪国際大学法政経学部教授（法学博士）。『ヴァイマール自由主義の悲劇』（風行社，1996年），『カール・シュミットとカトリシズム』（創文社，1999年），『近代政治思想における自由の伝統』（晃洋書房，2001年），ほか。

大田 明彦（おおた あきひこ）
1947年生まれ。神戸大学教育学部（現・発達科学部）卒業。産経新聞社入社。ソウル支局長・バンコク支局長等を経て，現在，大阪国際大学法政経学部教授。『アジアハイウエーを行く』（共著：テレメディア社，1992年），ほか。

＊金子 敦郎（かねこ あつお）
1935年生まれ。東京大学文学部卒業。共同通信社入社。サイゴン支局長・ワシントン支局長・常務理事等を経て，現在，大阪国際大学学長。『アジアの熱い風』（編：共同通信社，1983年），『戦場に消えたカメラマン』（共著：葦書房，1994年），『国際報道最前線』（リベルタ書房，1997年），ほか。

分裂と統合の相克——揺らぐ〈国民国家〉——

2001年5月10日　初版第1刷発行

編　者　金子郭郎
　　　　池田佳隆
発行者　白石徳浩
発行所　萌《きざす》書房
〒630-8303　奈良市南紀寺町2-161-9-205
TEL & FAX（0742）23-8865
振替　00940-7-53629

印刷·製本　共同印刷工業・藤沢製本

ISBN4-9900708-3-6